LA GUÍA ESENCIAL PARA CHICAS SOBRE LA PUBERTAD Y LA MENSTRUACIÓN

COMPRENDE TU CUERPO, ACEPTA LOS CAMBIOS Y CRECE CON CONFIANZA EMOCIONAL Y FÍSICA

DEBBIEANN LEWIS

CONTENIDOS

INTRODUCCIÓN

Hubo un tiempo en que me senté con mi sobrina, Ella, en la mesa de la cocina. Ella tenía esa mirada. Tú sabes, la que dice: "Tengo una pregunta, pero no sé cómo hacerla". Estábamos haciendo galletas y me di cuenta de que algo le rondaba por la cabeza. Finalmente, soltó: "Tía, ¿qué es la menstruación?". Sus mejillas se sonrojaron y me di cuenta de que se sentía incómoda. Pero así es crecer—está lleno de preguntas y cambios que pueden resultar un poco extraños al principio.

Este libro es para todas las chicas que alguna vez se han sentido como Ella. Está aquí para ser una guía de apoyo mientras atraviesas la pubertad y empiezas a tener el periodo o menstruación. Considéralo como un compañero amistoso que te ayudará en esta etapa tan importante. Con este libro, tendrás una amiga de confianza a la que recurrir siempre que tengas preguntas o necesites un poco de tranquilidad.

Mi visión de este libro es sencilla. Quiero que sea un recurso que te ayude a entender y aceptar los cambios que se están produciendo en tu cuerpo, de niña a mujer y algún día incluso a madre. Combina hechos con apoyo emocional, dándote el conocimiento y la confianza que tú necesitas. La pubertad puede resultar abrumadora, pero con la información adecuada, puedes afrontarla con valentía y confianza.

Este libro es para ti si tienes entre 8 y 14 años. Está escrito pensando en ti, sabiendo por lo que estás pasando y por lo que sientes curiosidad. Hablaremos de todo, desde los cambios corporales hasta los sentimientos, asegurándonos de que te sientas preparada para cada nuevo paso.

Lo que hace especial a este libro son las historias personales y las partes interactivas. Tú encontrarás historias reales de chicas como tú y actividades que te ayudarán a descubrir más cosas sobre ti misma. Estas características lo convierten en algo más que un libro—es una experiencia divertida e informativa.

Déjame que te cuente algo sobre mí. Soy hija, hermana, madre, tía, amiga y abuela. He estado ahí con mi propia hija, mis nietas y sobrinas, guiándolas a lo largo de estos años. También he trabajado como auxiliar de enfermería, monitora de campamentos para niñas y mentora, lo que me ha dado una valiosa experiencia a la hora de ayudarlas a entender su salud y su cuerpo. He escrito este libro para compartir lo que he aprendido y para ayudarte a sentirte apoyada.

A lo largo del libro, exploraremos temas clave como el autocuidado y la positividad corporal. Aprenderás a cuidarte y a apreciar tu cuerpo. Hablaremos de la fortaleza emocional, ayudándote a desarrollar tu resiliencia a medida que creces. También celebraremos la diversidad, reconociendo que el viaje de cada persona es único y especial a su manera.

Te animo a que te comprometas con este libro. Utilízalo como herramienta para aprender sobre ti misma. Reflexiona sobre lo que lees y participa en las actividades. Este libro está aquí para empoderarte, y cuanto más te comprometas con él, más provecho le sacarás.

A medida que pases las páginas, recuerda que este libro se ha comprometido a ser tu guía de confianza. Está aquí para apoyarte en cada paso del camino. Sumerjámonos juntos y hagamos de este viaje a través de la pubertad una experiencia positiva y fortalecedora. Tú no estás sola, y yo estoy aquí contigo.

1

ENTENDIENDO LOS CAMBIOS DE TU CUERPO

Recuerdo una vez que fui al colegio de mi hija para una reunión de padres y profesores. Me senté en una de esas sillas pequeñas, mirando los pupitres diminutos. Entonces, me fijé en los niños que jugaban fuera. Algunos tenían la misma altura que los profesores. Era como ver un campo de girasoles donde algunos brotan de la noche a la mañana, alcanzando el cielo, mientras que otros se toman su tiempo. Me recordó que crecer puede ser tan impredecible y rápido. En un momento te quedan perfectos tus jeans favoritos y al siguiente te preguntas si has entrado en una tierra mágica donde tus zapatos se han encogido de la noche a la mañana. Esto es lo que llamamos un estirón, y es una parte importante de la pubertad. Hablemos de lo que le ocurre a tu cuerpo, porque es asombroso. No sólo estás creciendo más alto; estás creciendo en todos los sentidos.

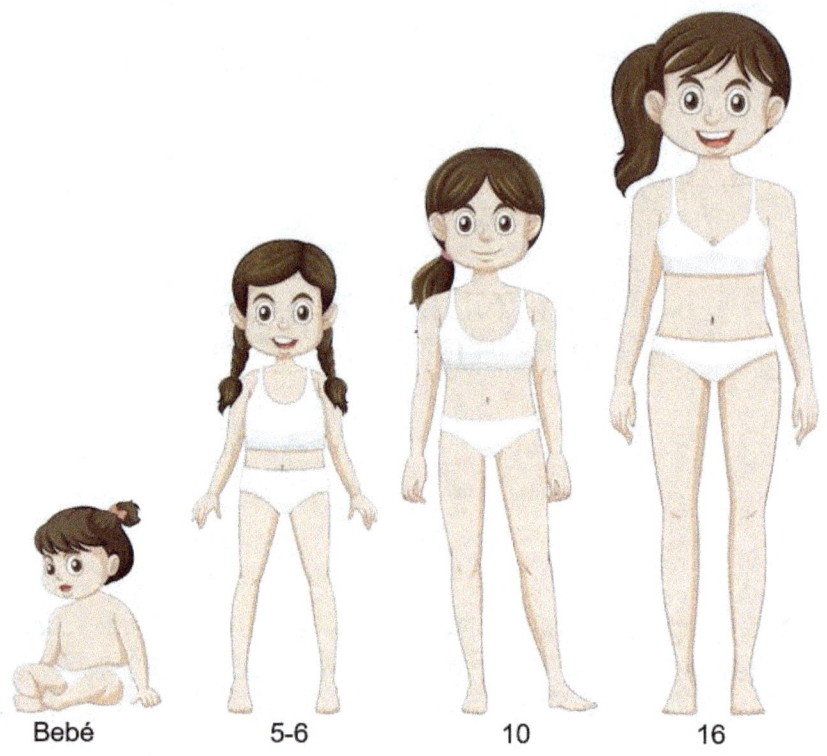

Bebé   5-6   10   16

1.1 EL MISTERIO DE LOS ESTIRONES

¿Alguna vez te has levantado y has tenido la sensación de haber crecido dos centímetros de la noche a la mañana? Es como si tus huesos hubieran decidido estirarse mientras dormías. Esto se llama estirón. Es una parte normal de la pubertad. Durante este periodo, tu cuerpo produce más cantidad de una hormona especial llamada hormona del crecimiento. Esta hormona le dice a tu cuerpo que es hora de crecer, y se pone a trabajar cuando estás descansando. Dormir es muy importante durante esta época. Es como el taller secreto de tu cuerpo, donde ocurre toda la magia. Por eso, cuando tus padres te recuerdan que te acuestes temprano, no lo hacen para fastidiarte. Es porque tu cuerpo necesita ese descanso para crecer fuerte y sano.

A medida que tu cuerpo crece, quizá notes que los pantalones te quedan más cortos y que las mangas ya no te llegan a las muñecas. Es posible que los zapatos se te queden pequeños antes de lo que te gustaría. Esto se debe a que tu cuerpo está haciendo sitio para todos los nuevos cambios. Tú también puedes tropezarte con cosas o sentirte un poco torpe. No pasa nada. Es normal. Tu cuerpo se está acostumbrando a su nuevo tamaño y pronto lo entenderás todo. Es como aprender a montar en bicicleta de nuevo.

Puedes preocuparte porque tus amigos crecen a ritmos diferentes. Algunos se disparan como una planta de frijoles, mientras que otros crecen lentamente. Cada cuerpo tiene su propio ritmo. No pasa nada por ser diferente. Tu estatura y tu talla cambiarán cuando tu cuerpo esté preparado. Compararte con los demás es como comparar manzanas con naranjas. Cada persona es única y tu cuerpo sabe lo que hace. Todo el mundo crece según su propio ADN.

Mientras se producen todos estos cambios, es importante mantener el cuerpo sano y activo. Llevar una dieta equilibrada ayuda a tu cuerpo a crecer fuerte. Los alimentos ricos en calcio y proteínas, como la leche, el queso y las legumbres, son buenísimos para los huesos y los músculos. También es importante mover el cuerpo. Actividades divertidas como bailar, nadar o hacer deporte te ayudan a mantenerte en forma y fuerte. Tú no tienes que ser perfecto en ellas. Simplemente diviértete y disfruta moviendo tu cuerpo.

Sección de reflexión: ¿Cuánto medirás tú?

- Busca un papel y anota las estaturas de tus padres.
- Utiliza esta sencilla fórmula: Suma sus estaturas. Para las chicas, resta cinco pulgadas y divide por dos. Para los chicos, suma cinco pulgadas y divide por dos. Puedes hacerte una idea aproximada de tu estatura futura.

- Recuerda que es sólo por diversión y no es algo inamovible. Tu cuerpo crecerá a su propio ritmo.

A veces, crecer puede parecer un torbellino. Un día estás corriendo de un lado para otro y, al día siguiente, sobresales por encima de tus amigos. Pero cada parte de este cambio es especial. Tu cuerpo sabe lo que tiene que hacer y lo está haciendo como debe. Así que, cuídalo, ten paciencia y disfruta del viaje. Estás en camino de convertirte en la persona maravillosa que estás destinada a ser.

1.2 EL PLAN DE TU CUERPO: COMPRENDER EL DESARROLLO DE LOS SENOS

El desarrollo de los senos puede parecer un gran problema, sobre todo cuando empieza a producirse de forma inesperada. Puedes notar pequeñas protuberancias o brotes debajo de los pezones, que pueden ser un poco sensibles. Es el comienzo de lo que los médicos denominan estadio 1 de Tanner. Es el primer signo de que tu cuerpo se está preparando para los cambios de la pubertad. A medida que pasas al estadio 2 de Tanner, esos bultitos empiezan a crecer y notarás que tus pechos se llenan un poco más. Tú empiezas a ver los cambios con más claridad. En el estadio 3 de Tanner, tus pechos empiezan a adoptar una forma más redondeada. En el estadio 4 de Tanner, la areola y el pezón forman un montículo secundario sobre el tejido mamario. Por último, en el estadio 5 de Tanner se alcanza una forma mamaria madura, aunque puede seguir cambiando a medida que creces. Cada mujer pasa por estas etapas de forma diferente. Algunas empiezan temprano, mientras que otras no notan los cambios hasta más tarde. Y no pasa nada.

El desarrollo desigual es frecuente. Puedes ver que un pecho crece más deprisa que el otro. Puede resultarte extraño, pero es normal. Tu cuerpo se está tomando su tiempo para igualar las cosas. Muchas chicas experimentan sensibilidad o dolor a medida que sus pechos crecen. Esto puede hacer que actividades como abrazarse o usar blusas ajustadas sean un poco incómodas. Pero recuerda, estas sensaciones son temporales. Tu cuerpo simplemente se está adaptando a los nuevos cambios. Es similar a cómo se sienten los músculos doloridos después de probar un nuevo deporte. Es una señal de que algo está pasando y, pronto, todo volverá a la normalidad.

Comprar tu primer sostén puede ser una experiencia divertida y empoderadora. Pero también puede resultar un poco abrumador con tantas opciones disponibles. Para empezar, un sostén de entrenamiento sencillo es una buena opción. Ofrece una sujeción ligera y cobertura sin aros. A medida que creces, es posible que quieras algo con más sujeción. Los sostenes de copa suave o deportivos son opciones cómodas que pueden brindarte la sujeción que necesitas. Un ajuste correcto es importante. Un sostén bien ajustado puede hacerte sentir más cómoda y segura. Al probarte un sostén, asegúrate de que la banda se ajuste bien a tu cuerpo y que los tirantes no se claven en tus hombros. Debes sentirte sujeta, pero no restringida. La imagen corporal puede ser un desafío, especialmente cuando ves imágenes en revistas o redes sociales. Estas fotos suelen mostrar a personas que lucen perfectas. Pero recuerda, cada persona es única y la vida real está llena de diversidad. Las modelos y celebridades suelen contar con equipos de personas que las ayudan a verse de cierta manera. Eso no es la vida real. Cada cuerpo es diferente, y eso es lo que nos hace especiales. Es importante practicar la autoafirmación. Recuerda tus fortalezas y lo que amas de ti. Párate frente al espejo y di: "Me gusta mi sonrisa" o "Soy fuerte". Puede parecer una tontería al principio, pero las palabras tienen poder. Pueden ayudarte a construir una imagen positiva de ti misma.

Sección de Reflexión: Mi Cuerpo, Mis Reglas

- Pasa unos momentos cada día frente al espejo.
- Elige algo que te guste de ti y dilo en voz alta. Puede ser cualquier cosa, como tu cabello, tu amabilidad o tu capacidad para hacer reír a los demás.
- Escríbelo en un diario. Con el tiempo, observa cómo tu lista crece.

Recuerda, tu cuerpo te pertenece. Está bien sentirse insegura o incómoda a veces. Estos cambios son parte natural del crecimiento. Cada etapa es un paso hacia convertirte en quien estás destinada a ser: una joven increíble, hermosa y completa. Acepta la singularidad de tu camino y sé amable contigo misma durante el mismo.

1.3 NAVEGANDO LA VERDAD SOBRE EL PELO: EXPLICACIÓN DEL CRECIMIENTO DEL VELLO

Un día, podrías notar que te salen pequeños vellos en lugares donde antes no había ninguno. Puede sentirse como descubrir un jardín sorpresa creciendo en tu cuerpo. Esto ocurre en las axilas, con vello más grueso en las pantorrillas y también alrededor del pubis, alrededor y entre las piernas. Es una parte normal de la pubertad. Este crecimiento de vello es una de las señales de que tu cuerpo está cambiando, y todo se debe a las hormonas. Las hormonas son como pequeños mensajeros que le dicen a tu cuerpo qué hacer. Durante la pubertad, le indican a tu cuerpo que empiece a crecer vello en estos nuevos lugares. Puede que al principio te parezca extraño, pero pronto se convertirá en una parte más de tu vida diaria.

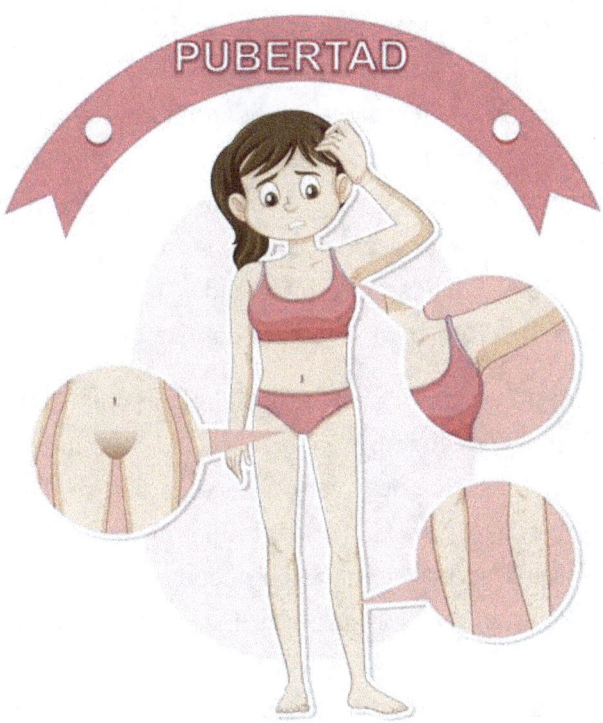

A la hora de cuidar todo este vello nuevo, tienes opciones. Algunas chicas deciden afeitarse, otras prueban la cera y otras prefieren dejarlo al natural. Todo se trata de lo que te haga sentir bien. Afeitarse es rápido y fácil, pero requiere un mantenimiento regular. La cera dura más, pero puede ser un poco dolorosa y costosa. Elegir mantener el vello corporal al natural también está bien. Es importante saber que no hay una forma correcta o incorrecta. Lo que importa es lo que te haga sentir cómoda y segura. Recuerda que cada cultura tiene diferentes perspectivas sobre el vello corporal. En algunos lugares, se celebra mantener el vello al natural, mientras que, en otros sitios, eliminarlo es común. Todo se trata de una elección personal y de lo que te haga sentir mejor a ti individualmente.

Hay muchos mitos sobre el vello corporal que puedes escuchar de amigos o en línea. Un mito común es que afeitarse hace que el vello vuelva a crecer más grueso o más rápido. Esto no es cierto. El cabello puede sentirse diferente a medida que vuelve a crecer, pero es igual que antes. Puede ser tentador hacer lo que todos hacen, especialmente si ves que tus amigos toman ciertas decisiones. Pero recuerda, es tu cuerpo y tú decides qué es lo mejor para ti. Está bien ser diferente. Tomar decisiones informadas te empodera. Puedes decidir qué te hace sentir bien y qué se adapta a tu estilo de vida.

Mantenerse limpio es importante, especialmente con estos cambios. Lavarse, bañarse y ducharse con regularidad te ayuda a sentirte fresca y limpia. Asegúrate de lavarte las axilas y la zona púbica con agua y un jabón suave. Esto ayuda a eliminar el sudor y la grasa que se acumula. Usar desodorante también puede ayudar, especialmente si notas un cambio en el olor corporal. Ese olor puede parecerse al de cebolla cruda o a ropa sucia, que a la mayoría de las personas les resulta desagradable. El desodorante funciona reduciendo las bacterias que causan el mal olor, manteniéndote fresco durante todo el día. Elige uno que te haga sentir bien en tu piel. Hay muchas opciones, por eso te aconsejo que pruebes varios hasta que encuentres el que te guste.

Ejercicio: Mi Cabello, Mi Elección

- Tómate unos minutos y piensa en lo que quieres para tu vello corporal.
- Escribe qué opinas sobre afeitarte, depilarte con cera o dejarlo natural. Esto es solo para ti, así que sé honesta. Recuerda que
- tu elección puede cambiar con el tiempo, y eso también está bien.

La pubertad puede sentirse como un torbellino de cambios. El crecimiento del vello es solo una parte. Es una señal de que tu cuerpo está haciendo lo que se supone que debe hacer, madurando hasta convertirte en una mujer adulta. Acepta estos cambios a medida que se presentan. Son parte de lo que te hace única y especial.

1.4 PRUEBA DE LA PIEL: ACNÉ Y CAMBIOS EN LA PIEL DURANTE LA PUBERTAD

Te despiertas una mañana, te miras al espejo y ahí está— un bulto rojo justo en la frente. El acné puede parecer que aparece de la nada. Pero hay una razón detrás de estas molestas imperfecciones o granos. Durante la pubertad, el cuerpo experimenta muchos cambios. Las hormonas juegan un papel importante en esto. Hacen que la piel produzca más grasa, llamada sebo. Esta grasa puede mezclarse con las células muertas de la piel y obstruir los poros. Cuando los poros se obstruyen, se crea un caldo de cultivo perfecto para el crecimiento de bacterias, lo que provoca esas típicas protuberancias rojas. La dieta y el estrés también pueden afectar la piel. Comer mucha comida grasosa o sentirse estresado a veces puede empeorar el acné. Mantener una dieta equilibrada y encontrar maneras de relajarse puede ayudar a mantener la piel más sana.

Cuidar la piel no tiene por qué ser complicado. No necesitas estanterías llenas de productos sofisticados. Empieza con una rutina de limpieza suave. Lávate la cara dos veces al día con un limpiador suave. Evita frotar con demasiada fuerza, ya que puede irritar la piel. Recuerda hidratarte bebiendo abundante agua. El agua ayuda a mantener la piel suave y limpia. La protección solar también es clave. Usa protector solar a diario, incluso en días nublados. El sol puede dañar la piel y hacer que las cicatrices del acné sean más visibles. Mantener las cosas simples pero constantes puede marcar una gran diferencia en cómo se ve y se siente tu piel.

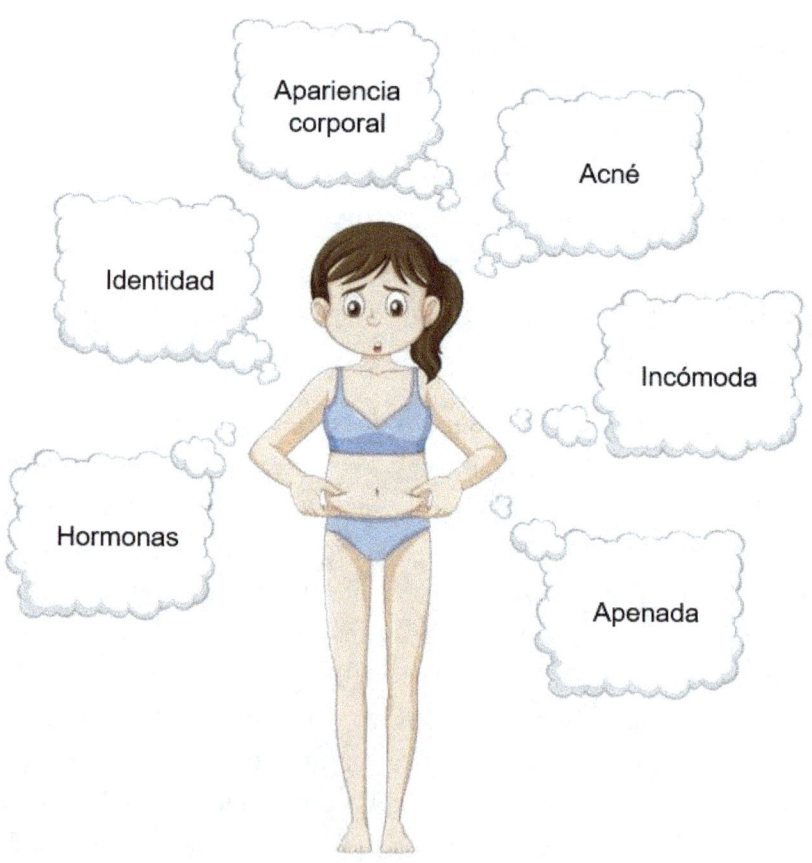

El acné puede ser perjudicial para la autoestima. Cuando ves un grano nuevo, puedes sentir que todos lo están mirando. Pero recuerda, todos tenemos imperfecciones. Incluso los adultos las tienen. Es parte normal de la vida. En lugar de centrarte en lo negativo, practica un diálogo interno positivo. Mírate al espejo y dite: "Soy más que mi piel". Ayuda a recordar que lo interior importa más. El autocuidado también es importante. Dedica tiempo a actividades que te hagan sentir bien. Tal vez leer un libro o dar un paseo. Hacer cosas que te gustan puede ayudarte a sentirte más seguro y feliz.

Puede que hayas escuchado muchos mitos sobre el acné. Algunas personas dicen que usar productos agresivos lo eliminará rápidamente. Pero eso no es cierto. El uso excesivo de productos fuertes puede irritar la piel y empeorar las cosas. El acné no desaparece de la noche a la mañana. Requiere tiempo y cuidado. Mantén una rutina suave y ten paciencia. La constancia es clave. Algunos tratamientos prometen resultados inmediatos, pero generalmente no los cumplen. Es mejor adoptar un enfoque constante y darle a tu piel el tiempo que necesita para sanar.

Recuerda, tu piel cuenta la historia de tu cuerpo, creciendo y cambiando. Es parte de tu viaje único a través de la pubertad.

1.5 LA HISTORIA INTERNA: CAMBIOS INTERNOS EN TU CUERPO

Tu cuerpo es como una orquesta ajetreada, y durante la pubertad, se prepara para una gran actuación. En el centro de esta transformación se encuentran tus ovarios. Estos pequeños órganos con forma de almendra se encuentran dentro de la pelvis. Actúan como fábrica y como almacén. Producen hormonas como el estrógeno y liberan óvulos. Cada mes, uno de estos óvulos viaja a través de las trompas de Falopio hasta el útero. Es un proceso fascinante que ocurre sin que te des cuenta. Tu útero, que ahora puede parecer un misterio, juega un papel importante en ser mujer y madre. Es un órgano con forma de pera que cambia durante el ciclo menstrual. El revestimiento se engrosa para prepararse para un posible embarazo. Si no hay embarazo, este revestimiento se desprende, y eso es lo que causa la menstruación.

Comprender estos cambios te ayuda a ver cómo se prepara tu cuerpo para el futuro. El inicio de la menstruación marca el inicio de tu ciclo menstrual. Es una señal de que tu cuerpo se está volviendo fértil, lo que significa que algún día podrá albergar un embarazo. Pero no te preocupes, tener la menstruación es solo una parte del crecimiento. No significa que estés lista para algo más. Es simplemente la forma en que tu cuerpo demuestra que está sano y que hace lo que se supone que debe hacer. La salud reproductiva es más que solo la menstruación. Se trata de reconocer cómo funciona tu cuerpo y cuidarlo para que se mantenga sano y fuerte.

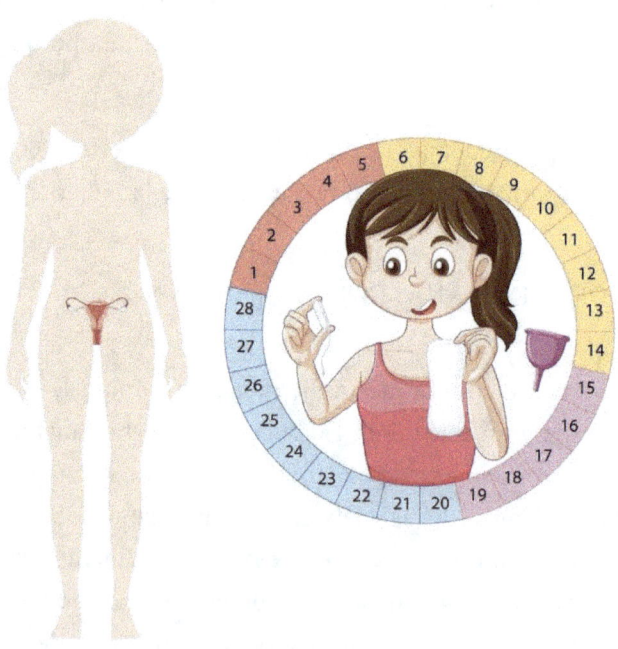

Esto conlleva muchas preguntas y, a veces, preocupaciones. Tú te preguntarás qué son los dolores o cólicos menstruales. Muchas chicas sienten cólicos durante la regla. Se deben a que el útero se contrae para ayudar a eliminar el revestimiento. Puedes sentir un dolor fuerte en el bajo vientre o en la espalda. Algunas chicas también se sienten cansadas o de mal humor, lo cual es totalmente normal. Cada ciclo menstrual es diferente. Algunas tienen menstruaciones regulares como un reloj. Otras tienen ciclos irregulares. Puede que se salten un mes o que tengan ciclos más largos. Tu cuerpo es único y tu ciclo también. Puedes hablar con un adulto de confianza o con un médico si te preocupan los dolores o las irregularidades.

Cuidarte durante este periodo es importante. Presta atención a tu cuerpo. Reconoce los síntomas que pueden requerir atención. Los dolores intensos, las hemorragias abundantes o las menstruaciones que se interrumpen durante mucho tiempo merecen que consultes a un médico. No evites buscar consejo médico. Es una decisión inteligente y te ayuda a mantenerte sana. Las revisiones periódicas también pueden tranquilizarte. Pueden ayudarte a resolver cualquier duda que tengas sobre tu cuerpo. Mantener una buena higiene también es fundamental. Cámbiate las compresas o tampones con regularidad para mantenerte fresca y evitar infecciones. Sigue una dieta equilibrada y mantente activa. Estos hábitos ayudan a tu cuerpo a funcionar de forma óptima.

Tu cuerpo está haciendo cosas increíbles. Está trabajando duro para crecer y cambiar, preparándose para la vida que le espera. Hay mucho que aprender y puede parecer abrumador. Pero recuerda que todo forma parte del crecimiento. Tú tienes el poder de entender y cuidar tu cuerpo. Escúchalo, aprende sobre él y trátalo con amabilidad.

1.6 HORMONAS AL DESCUBIERTO: SU PAPEL EN LA PUBERTAD

¿Te has preguntado alguna vez qué es lo que hace que se produzcan todos estos cambios en tu cuerpo durante la pubertad? Es como si un equipo de pequeños mensajeros llamados hormonas trabajara entre bastidores. Estas hormonas son como pequeñas guías que indican a tu cuerpo cuándo ha llegado el momento de empezar a cambiar. Dos de las principales hormonas, el estrógeno y la progesterona, desempeñan un papel fundamental en este proceso. Le indican a tu cuerpo que empiece a desarrollarse de nuevas formas. El estrógeno contribuye al crecimiento de los órganos reproductores y a otros cambios físicos, mientras que la progesterona favorece esos cambios. Juntos son responsables de muchos de los cambios que experimentas. Puedes notar cambios en tu estado de ánimo o un crecimiento repentino en ciertas áreas de tu cuerpo, como aumento de peso, crecimiento de la estatura, desarrollo de los senos, etc. Todos estos son signos de que tus hormonas están cambiando y están haciendo su trabajo.

La cronología de estos cambios hormonales puede variar de una persona a otra. Algunas niñas pueden empezar a experimentar cambios a partir de los ocho años, mientras que otras pueden no notar nada hasta la adolescencia. El inicio de la pubertad marca el comienzo de esta actividad hormonal. Es como si tu cuerpo hubiera recibido luz verde para empezar a desarrollarse. Con el tiempo, estas hormonas seguirán guiando el crecimiento de tu cuerpo y preparándolo para la edad adulta. Tú te darás cuenta de que tu cuerpo pasa por ciclos, sobre todo cuando empiezas a menstruar. Estos ciclos son el resultado de las fluctuaciones hormonales, que son naturales y necesarias.

A medida que las hormonas hacen su trabajo, es posible que te encuentres en una especie de rusa emocional. En un momento estás contenta y al siguiente te sientes triste o disgustada sin motivo aparente. Esto es completamente normal. Los cambios hormonales pueden afectar a tu estado de ánimo y a tus emociones. Es importante saber que estos sentimientos son normales. Todo el mundo experimenta cambios de humor durante la pubertad. No eres el único. Encontrar formas de controlar estas emociones puede ayudarte. Prueba respirar profundo, viajar o hablar con alguien de confianza. Estas técnicas pueden ayudarte a sentirte más en control y equilibrada.

Hablar de lo que estás pasando puede marcar una gran diferencia. A veces, el simple hecho de compartir tus sentimientos con alguien puede ayudarte a sentirte mejor. Ya sea uno de tus padres, un tutor u otro adulto de confianza, pueden ofrecerte apoyo y tranquilidad. Todos ellos han pasado por cambios similares y pueden entender lo que estás experimentando. No dudes en ponerte en contacto con ellos. Si tienes preguntas sobre tus hormonas o los cambios que estás experimentando, hablar con un profesional de la salud también puede ayudarte. Puede proporcionarte información y orientación para ayudarte a entender lo que le ocurre a tu cuerpo.

A medida que crezcas, recuerda que estos cambios hormonales forman parte del crecimiento. Son una señal de que tu cuerpo se está desarrollando y preparando para la edad adulta. Acepta estos cambios y entiende que te están llevando a un nuevo y emocionante capítulo de tu vida. No estás sola. Todas las mujeres han recorrido este camino antes que tú, y hay toda una comunidad de apoyo dispuesta a ayudarte. Acepta tu cuerpo por todo lo que hace y por todo lo que hará. Tú te estás convirtiendo en lo que estás destinada a ser, y eso es algo verdaderamente especial.

2

ACEPTANDO LA MENSTRUACIÓN

Imagina que estás en una fiesta de pijamas con tus mejores amigas. Están todas en pijama, riéndonos de quién se ha enamorado de quién y probando nuevos peinados. De repente, una de tus amigas susurra que le acaba de venir la regla y que no sabe qué hacer. Tú la rodeas, ofreciéndole apoyo, consejos e incluso una toalla de repuesto. Momentos como éste demuestran lo importante que es entender lo que ocurre en tu cuerpo. La menstruación puede parecer misteriosa al principio, pero no es más que otra parte del crecimiento. Exploremos lo que ocurre realmente durante el ciclo menstrual y por qué no hay nada por lo que debas preocuparte.

Tu ciclo menstrual es como una historia mensual que cuenta tu cuerpo. Tiene cuatro fases principales, cada una con su propio capítulo. Comienza con la fase menstrual. Es el comienzo de la menstruación. Suele durar entre tres y siete días. Durante este periodo, el cuerpo elimina el revestimiento del útero porque no hay embarazo. Este desprendimiento es la causa del sangrado que ves. Es una señal de que tu cuerpo está sano y funciona como debe. Luego, viene la fase folicular.

Esta fase coincide con la menstruación y se prolonga hasta el decimotercer día aproximadamente. Durante este tiempo, tu cuerpo está ocupado preparando un nuevo óvulo en tus ovarios. Los niveles de estrógeno aumentan, lo que ayuda a engrosar de nuevo el revestimiento del útero. Esto crea un hogar acogedor listo para una posible nueva vida.

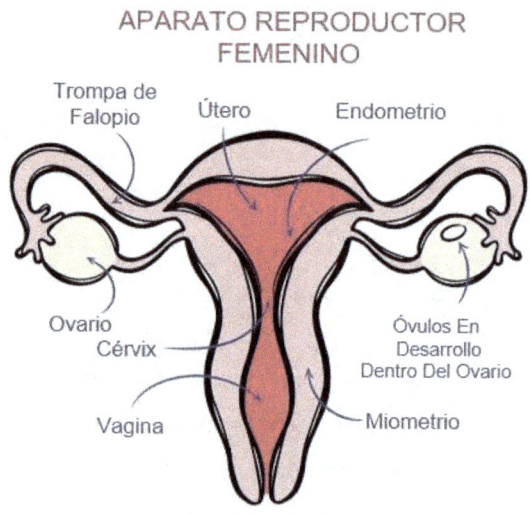

APARATO REPRODUCTOR FEMENINO

Trompa de Falopio · Útero · Endometrio · Ovario · Cérvix · Óvulos En Desarrollo Dentro Del Ovario · Vagina · Miometrio

Alrededor del decimocuarto día, se inicia la fase de ovulación. Es entonces cuando el ovario libera el óvulo maduro. Es un poco como una carrera, en la que el óvulo se abre camino a través de la trompa de Falopio. Esta fase es corta, sólo dura unas veinticuatro horas. Pero es una parte importante del ciclo. Si el óvulo se encuentra con el espermatozoide durante esta fase, puede producirse el embarazo. Si no, el ciclo continúa. La fase final es la fase lútea, desde el día quince hasta el siguiente periodo. El folículo vacío se convierte en el cuerpo lúteo, que libera progesterona. Esta hormona prepara aún más el revestimiento del útero. Si no se produce el embarazo, los niveles hormonales descienden y el ciclo vuelve a empezar con la

Menstruación, entonces empieza de nuevo el desprendimiento, ves la sangre de la regla durante 3-7 días, que es cuando necesitarás las toallas o el método que prefieras para absorber el flujo menstrual.

No todo el mundo tiene la misma duración de ciclo. Aunque un ciclo típico dura unos veintiocho días, puede variar. Tu ciclo puede ser un poco más corto o más largo, y eso es perfectamente normal. Factores como el estrés, la dieta e incluso los cambios de rutina pueden afectar a tu ciclo. Recuerda que, como muchas otras cosas en la vida, no existe el ciclo perfecto, sino lo que es normal para ti. Es importante saber que las variaciones son naturales. Algunos meses pueden ser ligeramente diferentes, y no pasa nada. Tu cuerpo no es una máquina. Es un sistema vivo y cambiante que se adapta a diferentes situaciones.

Las hormonas desempeñan un papel importante en el funcionamiento del ciclo. Durante la fase folicular, los niveles de estrógeno aumentan, ayudando a tu cuerpo a prepararse para la ovulación. Esta hormona puede hacer que te sientas más enérgica y sociable. Cuando se produce la ovulación, aumenta la hormona luteinizante (LH), que libera el óvulo. Tras la ovulación, comienza la fase lútea y aumentan los niveles de progesterona. Esta hormona puede hacer que te sientas más tranquila, pero también puede provocar síntomas del SPM (síndrome premenstrual), como ansiedad por la comida o cambios de humor. Es como si tu cuerpo tuviera su propio ritmo, guiado por estas hormonas. Entender esto puede ayudarte a entender cómo te sientes a lo largo del mes.

Llevar un registro de tu ciclo puede ser una herramienta útil. Es como llevar un calendario de tu cuerpo. Puedes utilizar un calendario físico o una aplicación de seguimiento del periodo en tu teléfono, tableta o computadora. Puedes predecir cuándo te va a venir la regla. Tú también puedes controlar síntomas como los cólicos o los cambios de humor. Conocer tus pautas puede darte una sensación de control. Te ayuda a planificar con antelación, cómo llevar provisiones cuando sabes que te va a venir la menstruación. Aplicaciones como

Clue o Flo ofrecen formas sencillas de llevar un seguimiento. Te proporcionan información sobre tu ciclo y te ayudan a conocer mejor tu cuerpo.

Sección de Reflexión: Registra tu ciclo

- Empieza marcando el primer día de tu menstruación en un calendario o en tu aplicación.
- Anota cualquier síntoma que experimentes, como cólicos o dolores de cabeza.
- Después de unos meses, observa si notas algún patrón. Usa
- esta información para prepararte para futuros ciclos, como preparar tus provisiones con antelación.

Comprender tu ciclo menstrual te ayuda a verlo como algo normal. Es un signo de salud y crecimiento. Al aprender sobre cada fase y su significado, puedes sentirte más segura y en sintonía con tu cuerpo. No estás sola en esto; todas las chicas del mundo pasan por estas experiencias. Aprovecha este conocimiento y úsalo para empoderarte.

2.1 PREPARACIÓN PARA LA PRIMERA MENSTRUACIÓN: QUÉ ESPERAR Y CÓMO PREPARARTE

Imagínate: estás viviendo tu día, quizás sintiéndote un poco rara. No sabes por qué, pero algo simplemente se siente diferente. Esta podría ser la forma en que tu cuerpo te avisa de que tu primera menstruación está cerca. Algunas chicas notan las señales unos días antes de que llegue. Podrías sentir ligeros calambres o cólicos en la parte baja del vientre y también unos cambios de humor. Podrías sentir sensibilidad en los senos o notar un poco de hinchazón. Todas estas son señales normales de que tu cuerpo se está preparando para la menstruación. Es útil conocerlas para que no te agarre desprevenida. Tener un kit de emergencia para la menstruación listo puede marcar una gran diferencia. En una pequeña bolsa, guarda un par de toallas sanitarias o tampones, pañuelos desechables y ropa interior limpia. Quizás quieras añadir toallitas húmedas y un poco de desinfectante de manos. Guarda este kit en tu mochila o casillero de la escuela, por si acaso.

Las emociones pueden estar a flor de piel cuando piensas en tu primera menstruación. Es una mezcla de emoción y nerviosismo. Quizás te preguntes si estarás lista. Lo cierto es que no hay forma de predecir el momento exacto en que llegará, pero aún puedes estar preparada. Recuerda, tener la primera menstruación es parte normal del crecimiento. Es una señal de que tu cuerpo está funcionando como debería. Hablar de ello puede ayudar a aliviar la ansiedad. Busca a alguien de confianza, como tus padres, tutores o la enfermera de la escuela, y comparte tus ideas. Pueden ofrecerte orientación y tranquilidad. Es reconfortante saber que alguien te apoya y entiende por lo que estás pasando.

Existen muchos mitos en torno a la primera menstruación, que pueden causar miedo innecesario. Una preocupación común es el miedo a las fugas y derrames. Esto puede ocurrir, especialmente si tu flujo es abundante o inesperado. Usar una toalla o ropa interior menstrual puede ayudar a prevenir las fugas. También es buena idea revisar tus suministros a lo largo del día. Cambiar la toalla o el tampón con regularidad te mantendrá fresca y segura. Otro mito es que tu primera menstruación será muy dolorosa o abundante. En realidad, varía para cada persona. Algunas chicas experimentan pocas molestias, mientras que otras pueden tener cólicos leves. Conocer estos datos puede ayudarte a calmar tus miedos.

Cada cultura tiene sus propias formas de celebrar este hito. En algunas culturas, la primera menstruación se celebra con rituales o ceremonias especiales. Es una forma de honrar este cambio y darte la bienvenida a una nueva etapa de la vida. Estas tradiciones pueden variar mucho. Algunas pueden incluir una reunión familiar o un pequeño obsequio para celebrar este momento. Otras pueden incluir una comida especial o un gesto simbólico. Estas prácticas nos recuerdan que la menstruación es una parte natural y respetada de la vida. Aprender sobre estas diversas perspectivas puede ser fascinante e inspirador. Demuestra que, si bien todas la experimentamos de forma diferente, existe una comprensión compartida de su importancia para la vida y la feminidad, al poder tener un hijo y ser madre.

Ya sea que tu primera menstruación te sorprenda o la sientas próxima, estar preparada puede hacer que se sienta menos abrumadora. Es un nuevo capítulo que trae consigo una mezcla de emociones y experiencias. Acéptala con confianza y curiosidad, sabiendo que no estás sola. Hay un mundo de conocimiento y apoyo esperándote.

2.2 101 PRODUCTOS PARA LA MENSTRUACIÓN: ELIGE LO ADECUADO PARA TI

Seleccionar los productos adecuados para la menstruación puede ser tan abrumador como comprar un dulce en una tienda de dulces— ¡hay tantas opciones! Analicémoslo para que sea más fácil.

Toallas y Protectores diarios

Las toallas sanitarias suelen ser la primera opción para principiantes porque son familiares y fáciles de usar. Se adhieren al interior de la ropa interior y absorben la sangre menstrual a medida que sale del cuerpo. Las toallas sanitarias y los protectores diarios vienen en varios tamaños y niveles de absorción, desde ultrafinos hasta nocturnos, lo que los hace versátiles para diferentes necesidades. Son cómodos y fáciles de usar, pero algunas personas pueden encontrarlos voluminosos, especialmente durante la actividad física.

Las toallas sanitarias deben cambiarse cada 1 a 4 horas. Para desechar una toalla sanitaria, quítala de la ropa interior, dóblala por la mitad con el lado adhesivo hacia afuera y envuélvela en papel de seda, en su envoltorio original o en una pequeña bolsa de plástico. Tírala a la basura—nunca tires una toalla sanitaria por el inodoro, ya que puede obstruir las tuberías.

Tampones

Los tampones son pequeños y se ajustan al cuerpo para absorber la sangre menstrual, lo que los hace ideales para actividades como la natación o el deporte. Insertar un tampón puede parecer complicado al principio, pero se vuelve más fácil con la práctica. Empieza con el tamaño más pequeño, relájate y sigue las instrucciones del paquete.

Cambia los tampones cada 4 a 8 horas. Al retirar uno, envuélvelo en papel higiénico o una bolsa desechable y tíralo a la basura. Evita tirar los tampones por el inodoro, aunque parezcan pequeños—ya que pueden causar problemas en las tuberías.

Copas Menstruales

Las copas menstruales son pequeñas y flexibles, hechas de silicona de grado médico. Se insertan en la vagina para recolectar la sangre menstrual y pueden permanecer en su lugar hasta 12 horas, lo que las hace prácticas para días ajetreados. Para retirar la copa, presiona la base para liberar el sello antes de sacarla. Enjuaga la copa con agua y vuelve a colocarla. Las copas son reutilizables y ecológicas, pero requieren comodidad y un poco de práctica para usarlas eficazmente.

Ropa Interior para la Menstruación

La ropa interior para la menstruación se parece a las pantis normales, pero cuenta con capas especiales que absorben la sangre de la menstruación. Dependiendo de la marca, puede contener el equivalente a uno o dos tampones. Después de usarla, enjuágala con agua fría y luego métela en la lavadora. Son sencillas, cómodas y ecológicas, aunque necesitarás varias para completar tu ciclo.

Cuidando el Medio Ambiente

Las opciones reutilizables, como las copas menstruales y la ropa interior para la menstruación, son más sostenibles y generan menos residuos que las toallitas y los tampones tradicionales, que suelen contener plástico y tardan cientos de años en descomponerse. Si prefieres productos desechables, busca opciones de algodón orgánico, libres de químicos dañinos y más respetuosos con el medio ambiente. Pequeños cambios en la elección de tus productos para la menstruación pueden tener un gran impacto en el medio ambiente con el tiempo.

Mantente Segura y Cómoda

La seguridad es clave al usar productos para la menstruación. Los tampones conllevan un riesgo poco común de Síndrome de Shock Tóxico (SST), así que cámbialos cada 4 a 8 horas y usa el nivel de absorción más bajo que necesites. Con toallas sanitarias, copas y ropa interior menstrual, el riesgo de problemas de salud es mínimo.

La comodidad es igual de importante. Si un producto no te convence, prueba una talla o estilo diferente hasta encontrar el que mejor te funcione. Cada cuerpo es diferente, así que, no tengas miedo de experimentar.

2.3 CÓMO DESECHAR LOS PRODUCTOS PARA LA MENSTRUACIÓN CON CUIDADO

Deshacerse correctamente de los productos para la menstruación es esencial para la higiene y el respeto a los demás. Aquí te explicamos cómo hacerlo de forma ordenada:

Toallas y Protectores diarios

- Despégalos de tu ropa interior y dóblalos por la mitad con el lado adhesivo hacia afuera para mantenerlos ordenados.
- Envuélvelos en el envoltorio del producto, papel higiénico o una bolsa pequeña para desechos.
- Tíralos a la basura— nunca tires toallas o protectores diarios por el inodoro, ya que pueden obstruir las tuberías.

Tampones

- Retira el tampón y envuélvelo en papel higiénico o una bolsa para desechos.
- Tíralo a la basura— no la tires por el inodoro, ya que los tampones pueden obstruir las tuberías y dañar el medio ambiente.

Ropa interior menstrual o Toallas reutilizables

- Coloca las prendas usadas en una bolsa o recipiente húmedo hasta que puedas lavarlas.
- Enjuágalas con agua fría lo antes posible para evitar manchas y luego lávalas según las instrucciones.

Copas menstruales

- Vacía la copa en el inodoro, enjuágala con agua y vuelve a colocarla.
- Si estás en un baño público, límpiala con papel higiénico y lávala bien después.

Sé amable: Limpia después de tu menstruación

Es normal tener la regla, pero también es importante ser considerada con las demás personas que usen el baño.

Siempre:

- Envuelve los productos usados cuidadosamente.
- Deshazte de ellos correctamente— ¡nadie quiere sorpresas!
- Lávate las manos—sin excepción.

Tomarte unos segundos extra para limpiar después de tu menstruación demuestra respeto por ti misma y por quienes te rodean. ¡Además, es de buena educación!

Es normal tener dudas sobre qué producto usar al principio. Cada persona es diferente, y lo que funciona para una puede no funcionar para otra. No te preocupes por elegir la opción perfecta de inmediato. Lo importante es encontrar algo que te haga sentir cómoda y segura. Todo se trata de lo que te haga sentir bien. Con el tiempo, probablemente probarás todas las opciones a medida que te sientas cómoda con tu cuerpo y te adaptes a la menstruación.

Estar preparada es la mejor manera de sentirte segura con la menstruación. Mientras te preparas para la llegada de tu primera menstruación, pruébate las toallas sanitarias, prueba varias tallas para que te resulten cómodas y fáciles de usar, también prueba la ropa interior menstrual. Esto te ayudará a saber cómo se sentirá y te brindará comodidad y familiaridad cuando llegue el gran día.

Nota: Algunas culturas tienen restricciones sobre los productos menstruales internos, como los tampones o las copas menstruales; no están permitidos hasta después del matrimonio.

2.4 EL ROMPECABEZAS DEL SÍNDROME PREMENSTRUAL: COMPRENDER LOS SÍNTOMAS Y SOLUCIONES

¿Alguna vez te has sentido de mal humor o como si los pantalones te apretaran de repente sin motivo? Tú podrías estar experimentando el síndrome premenstrual. Se trata de un conjunto de síntomas que presentan algunas chicas y mujeres antes de que les venga el periodo menstrual. Estos síntomas pueden variar mucho. Algunos síntomas físicos comunes son que te sientes hinchada o más pesada de lo normal.

Otro síntoma son los cólicos. Se sienten como en el bajo vientre o la espalda. Luego están los síntomas emocionales. Puedes sentirte irritable, como si todo te pone de los nervios. Puedes pasar de la alegría a la tristeza en un abrir y cerrar de ojos. Para muchas mujeres, estos sentimientos son parte normal del síndrome premenstrual. Pero no todas experimentan el SPM de la misma manera. Algunas chicas pueden no sentir nada en absoluto, mientras que otras pueden tener síntomas más fuertes.

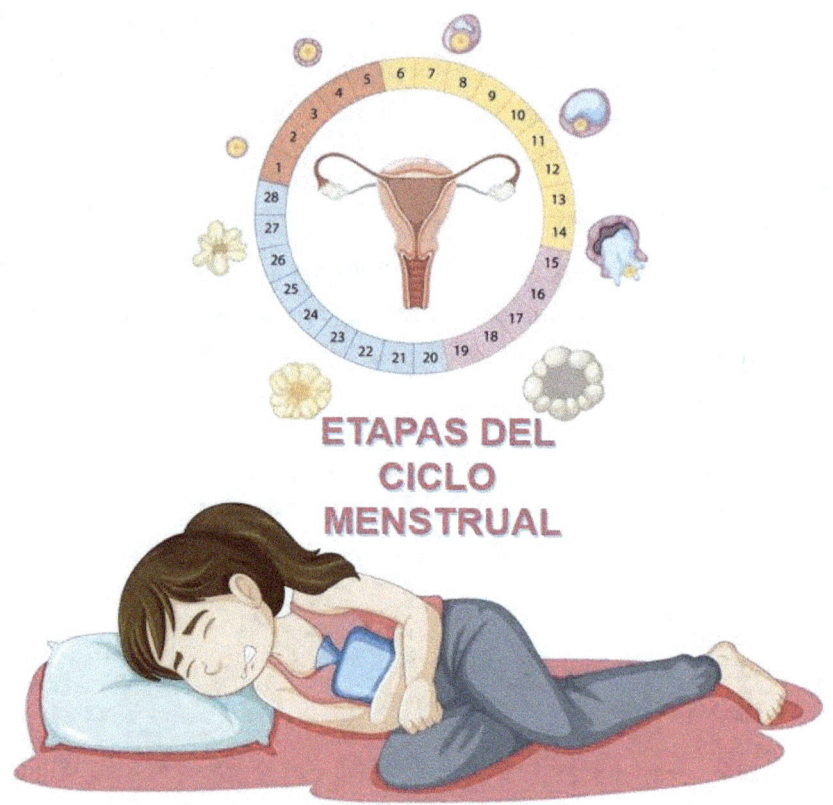

Encontrar formas de controlar el SPM puede marcar diferencia en cómo te sientes. Una estrategia útil es fijarte en lo que comes. Los alimentos ricos en calcio, como el yogur o las verduras de hoja verde, pueden aliviar algunos síntomas. Intenta reducir los aperitivos salados y la cafeína, ya que pueden empeorar la hinchazón. Beber mucha agua también ayuda. Mantenerte hidratada puede reducir la retención de líquidos y hacer que te sientas mejor. Añadir ejercicio a tu rutina también puede ayudarte. Actividades como el yoga o caminar liberan endorfinas, que son unas sustancias químicas del cerebro que te hacen sentir bien. Incluso un paseo corto puede levantar el ánimo y aliviar los cólicos. Las técnicas de relajación, como respirar profundo o escuchar música relajante, también pueden reducir el estrés y calmar tu

Mente, prueba con una almohadilla térmica, una bolsa de agua caliente o una compresa que se caliente en el microondas.

Hablar del síndrome premenstrual con amigos o familiares puede ser reconfortante. Eso ayuda a saber que no estás sola. Compartir tus experiencias puede hacerlas menos abrumadoras. Puedes descubrir que otros tienen buenos consejos para controlar los síntomas que tú aún no has probado. A veces, el simple hecho de decir en voz alta cómo te sientes puede hacer una gran diferencia y hacerte ver que no estás sola. Es importante normalizar el tema del síndrome premenstrual, como cualquier otro tema de salud. No hay nada de qué avergonzarse. Es una parte natural de la vida. Abriéndonos, ayudamos a romper el estigma y facilitamos que otros también lo compartan.

Hay muchos mitos sobre el síndrome premenstrual que pueden ser confusos. Un mito común es que todas las chicas tienen SPM, pero eso simplemente no es cierto. Algunas nunca lo experimentan. Otras sólo tienen síntomas leves. Otro mito es que el SPM es una excusa para los cambios de humor. Aunque las hormonas influyen en los cambios de humor, no controlan completamente tus sentimientos. Tus emociones son válidas, y está bien sentirlas. Comprender y reconocer el síndrome premenstrual puede ayudarte a gestionarlo mejor. Se trata de encontrar lo que te incomoda y hacer pequeños cambios para mejorar tu bienestar.

Para entender lo que estás experimentando, puede ser útil llevar un registro de tus síntomas. Anota cuándo los tienes y con qué intensidad. Puedes ver si hay algún patrón. También puede ser útil compartir información con un médico si alguna vez necesitas algún consejo profesional. Recuerda que no todos los cambios de humor o sensaciones corporales se deben al SPM. Es sólo una de las muchas posibilidades. Conocer tu cuerpo y entender lo que necesita puede ayudarte a sentirte más en control y menos alterada. Saber cómo y por qué te ayudará mucho a ti y a sobrellevar con estos nuevos cambios a medida que te conviertes en una mujer adulta y empiezas a menstruar.

2.5 LA MENSTRUACIÓN EN LA ESCUELA: CONSEJOS Y TRUCOS

Tener la menstruación en el colegio puede parecer que intentas guardar un secreto que, de algún modo, todo el mundo ya conoce. Pero no tiene por qué ser estresante. Planificar con antelación puede facilitarte mucho el día. Empieza por guardar material de repuesto en tu casillero, mochila o estuche. Empaca algunas toallas sanitarias, tampones e incluso ropa interior de recambio. Tú te sentirás más tranquila sabiendo que tienes todo lo que necesitas, por si acaso. Cuando sientas que te viene la menstruación, planifica las pausas para ir al baño. Aprovecha los descansos entre las clases. Es la ocasión perfecta para comprobar que todo va bien sin prisas.

A veces, las cosas no salen según lo previsto. Puede ocurrir que te quedes sin las cosas necesarias. Que no cunda el pánico. Todas las enfermeras escolares siempre tienen productos para la menstruación. Muchos profesores también son comprensivos y están dispuestos a ayudar.

Si te preocupan las filtraciones, átate un suéter a la cintura. Es una solución rápida hasta que te puedas cambiar. No estás sola; otras personas te comprenderán y te ofrecerán ayuda si la pides. Es importante recordar que todos tenemos momentos de imprevistos. Es solo una parte más de la vida.

Crear un ambiente de apoyo en la escuela es importante. Hablar con los profesores o la enfermera escolar puede ayudarte. Pueden ofrecerte consejos o incluso asegurarse de que haya suministros en los baños.

Fomentar una cultura de apoyo entre los compañeros también ayuda. Empieza por hablar con tus amigas. Comparte tus experiencias; ayuda saber que no estás sola, sino que estás en buena compañía con otras chicas que enfrentan los mismos desafíos. Quizás descubras que ellas también tienen consejos que compartir. La comprensión y el apoyo pueden marcar la diferencia. Una simple conversación puede dar lugar a una comunidad más inclusiva y comprensiva. Incluso podrías formar un grupo de apoyo entre iguales donde puedan hablar abiertamente y compartir experiencias. Algunas chicas pueden sentir que compartir no es tan fácil como otras, así que, sé la amiga de confianza en la que pueden confiar y protege su privacidad. Estas son las mejores amigas que puedes tener de tu lado: las amables y comprensivas.

Participar en deportes o clases de gimnasia durante la menstruación puede ser abrumador. Pero aun así puedes mantenerte activa y disfrutar de tus actividades favoritas. Elige productos que se adapten a tu estilo de vida. Los tampones o las copas menstruales son ideales para los días más activos. Ofrecen mayor libertad de movimiento. La ropa interior menstrual también es una opción cómoda. Se siente como la ropa interior normal, pero ofrece mayor protección. Asegúrate de estar cómoda. Usa ropa oscura y holgada para mayor seguridad. Mantenerte activa puede ayudar a aliviar los cólicos y mejorar tu estado de ánimo. No dejes que la menstruación te impida hacer lo que te gusta.

Recuerda que tener la regla es parte normal de la vida. No tiene por qué impedirte disfrutar de tu día en la escuela. Con un poco de preparación y apoyo, puedes manejarla con facilidad. Ya sea teniendo útiles a mano, planeando descansos o apoyándote en amigas, hay muchas maneras de que funcione. Eres capaz de manejar esto, como otras chicas lo hacen a diario. Confía en ti misma y en tu capacidad para gestionarlo todo.

2.6 DESMINTIENDO MITOS SOBRE LA MENSTRUACIÓN: SEPARANDO LA REALIDAD DE LA FICCIÓN

Se habla mucho sobre la menstruación, y no todo es cierto. Aclaremos algunos de los mitos más comunes. Quizás hayas oído que no se puede nadar mientras la tienes. Eso no es cierto. ¿Se detiene la regla al nadar? No, la regla no se detiene al nadar, pero la presión del agua puede reducir o ralentizar temporalmente el flujo. Cuando estás sumergida en agua, como en una piscina, la presión del agua puede contrarrestar el flujo sanguíneo, por lo que es posible que notes poco o ningún sangrado visible mientras nadas. Sin embargo, una vez fuera del agua, el flujo se reanudará con normalidad.

Si te preocupan las pérdidas mientras nadas, puedes usar tampones, copas menstruales o trajes de baño especialmente diseñados para la menstruación para mantenerte cómoda y protegida. Estos productos están diseñados para funcionar eficazmente incluso mientras estás activa en el agua. ¡Claro que sí puedes nadar! Usar un tampón o una copa menstrual puede ayudar a mantener la higiene y la comodidad en el agua. Estos productos están diseñados para permanecer en su lugar y evitar fugas, para que puedas disfrutar de la natación como cualquier otro día.

Otro mito común es que la menstruación debería ser dolorosa. Si bien algunas molestias o cólicos son normales, el dolor intenso no es algo que debas aceptar sin más. Es importante hablar con tu madre o tus padres para que te ayuden a consultar con un médico si tus períodos son muy dolorosos. Ellos pueden ayudarte a encontrar maneras de hacerte sentir mejor.

También existen algunas ideas extrañas sobre la menstruación en sí. Una es que tenerla significa que estás enferma. En realidad, la menstruación es una señal de que tu cuerpo está sano y funciona correctamente. Es parte del ciclo natural que prepara tu cuerpo para la posibilidad de un embarazo. No es una enfermedad ni significa que algo ande mal. Otro mito peculiar es que  si tú y tus amigas pasan mucho tiempo juntas, sus períodos se sincronizarán. Esta idea se llama sincronía menstrual. Aunque es una idea divertida, la ciencia aún no ha demostrado su veracidad. Es más probable que los ciclos se superpongan como mera coincidencia. El ciclo de cada persona es único y sigue su propio ritmo.

Es importante cuestionar lo que escuchas sobre la menstruación. No todo lo que dicen se basa en hechos. Anímate a hacer preguntas y a buscar información fiable. Los libros, los adultos de confianza y los profesionales de la salud son excelentes recursos. Si encuentras algo que te suene un poco extraño, no dudes en buscarlo. La investigación te ayuda a comprender la verdad sobre tu cuerpo. Sé curiosa y receptiva al aprendizaje. Al informarte, puedes sentirte más segura y empoderada sobre tu menstruación. Se trata de reemplazar mitos con hechos.

Un conocimiento preciso sobre la menstruación es poderoso. Te ayuda a tomar decisiones informadas y reduce el estigma. Cuando comprendes lo que sucede en tu cuerpo, puedes afrontar la menstruación con confianza.

Esta comprensión también ayuda a superar la vergüenza que algunas personas sienten por la menstruación. No tiene nada de vergonzoso. Es parte natural de la vida. Al hablar abiertamente y compartir información correcta, podemos crear un mundo donde la menstruación deje de ser un tema tabú. Podemos celebrarla por lo que es: una señal de vida y crecimiento.

A medida que avanzas, recuerda que el conocimiento es tu aliado. Te ayuda a tomar decisiones inteligentes y a afrontar los desafíos con valentía. Acepta los hechos, cuestiona lo que no te parece correcto y busca siempre la verdad. Con la información correcta, estás lista para afrontar cualquier situación.

3

MONTAÑA RUSA EMOCIONAL

I magina que estás en una fiesta de cumpleaños con tus amigas más cercanas. En un momento, te ríes tanto que te duelen los costados. Al siguiente, sientes una inesperada oleada de tristeza. Es confuso, ¿verdad? Quizás te preguntes por qué tus emociones son como una montaña rusa, con altibajos que parecen surgir de la nada. Pero esto es normal durante la pubertad. Profundicemos en por qué ocurren estos cambios de humor y cómo puedes gestionarlos.

Las hormonas son la principal causa de estos cambios emocionales. Durante la pubertad, tu cuerpo comienza a producir más estrógeno. Esta hormona puede afectar cómo te sientes. Sin embargo, el estrógeno no funciona solo. Se asocia con neurotransmisores como la serotonina. Estas son sustancias químicas del cerebro que ayudan a controlar el estado de ánimo. A veces, el equilibrio entre el estrógeno y la serotonina puede desequilibrarse un poco. Esto puede hacer que te sientas feliz un minuto e irritable al siguiente. Es como si tu cerebro se estuviera adaptando a un nuevo ritmo. Puede que te lleve un tiempo encontrar el equilibrio, pero recuerda que no estás sola. Todas pasamos por esto, y es parte del crecimiento.

Los cambios de humor pueden ser intensos e impredecibles. Es importante saber que la variabilidad emocional es normal. Piensa en tus emociones como si fueran el clima. A veces hace sol y otras veces está nublado con probabilidad de lluvia. Al igual que el clima, tus sentimientos pueden cambiar, y eso está bien. Muchas mujeres a tu alrededor han experimentado sentimientos similares en algún momento. Algunas son más sensibles a los cambios de humor emocionales que otras; cada una de nosotras es única. Tu madre, tu hermana, tu tía, tu abuela o incluso tu profesora podrían tener sus propias historias sobre los cambios de humor durante la pubertad. Escuchar estas historias puede ayudarte a darte cuenta de que lo que sientes es común. Es como formar parte de un club que entiende por lo que estás pasando, como la historia de Sophie.

Sophie cerró de golpe la puerta de su habitación y se dejó caer en la cama, con lágrimas corriendo por su rostro. Ni siquiera sabía por qué lloraba—simplemente sentía que todo estaba mal. Ese mismo día, había discutido con su mejor amiga por algo sin importancia. Durante el almuerzo, derramó jugo en su camisa nueva y, para colmo, su profesora de matemáticas le asignó tarea extra. Ahora, incluso el sonido de su hermano pequeño jugando videojuegos en la habitación de al lado le parecía insoportable.

"¿Por qué soy así?", murmuró Sophie contra su almohada. Sus emociones parecían descontrolarse—un momento estaba feliz, al siguiente frustrada, y luego las lágrimas la inundaban. Odiaba sentirse así y no sabía qué hacer.

Llamaron suavemente a la puerta. "Sophie, soy mamá. ¿Puedo pasar?".

Sophie no respondió, pero al cabo de un momento, su mamá empujó la puerta con cuidado y se sentó en el borde de su cama.

"¿Qué pasa, cariño?", preguntó su mamá, acariciando el cabello de Sophie.

"No lo sé", sollozó Sophie. "¡Es que estoy... tan enojada y triste todo el tiempo! ¡Y ni siquiera sé por qué!".

Su mamá asintió con complicidad. Parece que tus hormonas están al límite. Es totalmente normal, sobre todo durante la pubertad. Tu cuerpo está cambiando mucho, y a veces eso significa que tus emociones también se descontrolan un poco.

Sophie miró a su madre. Y le dijo "Pero no quiero sentirme así. Lo odio".

"Sé que es difícil", respondió su madre con suavidad. "Pero está bien tener estos sentimientos. No tienes que luchar contra ellos ni resolverlos de inmediato. Lo que puedes hacer es ser indulgente contigo misma. Respira hondo y recuerda que está bien llorar, estar molesta o incluso necesitar un poco de espacio".

Su madre la abrazó. "Y recuerda, nunca estás sola en esto. Estoy aquí para cuando necesites hablar o simplemente sentarme contigo".

Sophie sintió que la tensión en su pecho comenzaba a disminuir. Las palabras de su madre fueron como un bálsamo, calmando la tormenta que sentía en su interior. "Gracias, mamá", susurró.

"Cuando quieras, cariño", dijo su madre con una sonrisa. "Ahora, ¿qué tal si hacemos un chocolate caliente y hablamos de tu día? O podemos sentarnos juntas a ver una película divertida. Lo que necesites".

Sophie asintió. "Un chocolate caliente me caería bien".

Mientras se dirigían a la cocina, Sophie se dio cuenta de que, aunque sus emociones estaban descontroladas, se sentía bien saber que tenía a alguien que la comprendía y la quería sin importar lo que pasara.

Controlar estos cambios de humor puede ayudarte a sentirte más en control. Una forma de hacerlo por tu cuenta es mediante ejercicios de respiración profunda. Cuando empieces a sentirte abrumada, tómate un momento para respirar profundamente. Inhala por la nariz, mantén la respiración unos segundos y luego exhala lentamente por la boca. Esto puede ayudarte a calmar la mente y el cuerpo. Llevar un diario es otra gran herramienta. Escribe cómo te sientes cada día. No tiene que ser perfecto ni tener sentido para nadie más. Simplemente deja que tus pensamientos fluyan. Con el tiempo, podrías notar patrones en tus emociones. Esto puede ayudarte a comprender qué desencadena ciertos sentimientos y cómo manejarlos mejor.

También es importante hablar sobre tus sentimientos. A veces, simplemente decir lo que piensas o sientes puede ayudarte. Busca a alguien de confianza, como tus padres o tutores, y conversa con él o ella. Te sorprenderá lo comprensivos que son. Pueden ofrecerte consejos o simplemente escucharte cuando necesites desahogarte. Los grupos de apoyo entre pares también pueden ser un gran recurso. Estos son espacios donde puedes conocer a otras personas que están experimentando cambios similares. Compartir tus experiencias y escuchar las historias de los demás puede ser reconfortante. Recuerda que no estás sola y que hay personas que se preocupan por ti.

Sección de reflexión: Diario de seguimiento del estado de ánimo

- Toma un cuaderno y crea un diario de tu estado de ánimo.
- Escribe cómo te sientes cada día. Incluye cualquier evento o pensamiento que pueda haber influido en tu estado de ánimo.
- Después de unas semanas, busca patrones. ¿Hay momentos o situaciones que afecten más tus emociones?
- Usa esta información para ayudarte a prepararte y gestionar futuros cambios de humor.

Recuerda que la pubertad es una época de cambios y está bien sentirse un poco descontrolado. Tus emociones son válidas y no hay una forma correcta o incorrecta de sentirse. La clave está en encontrar maneras saludables de afrontarlas y buscar apoyo cuando lo necesites. ¡Tú puedes!

3.1 MENOS ESTRÉS: ESTRATEGIAS DE AFRONTAMIENTO PARA LA PUBERTAD

La pubertad puede sentirse un poco como estar en una olla a presión. Hay tantas cosas nuevas que afrontar, por lo que es fácil sentirse estresado. La escuela puede ser una gran parte de ese estrés. Puede que tengas más tareas que nunca. Quizás haya exámenes que parezcan muy difíciles. Los profesores esperan mucho de ti, y puedes sentir que tienes que ser perfecto todo el tiempo. Además, está la presión de los amigos y las redes sociales. Puede que sientas que tienes que encajar o estar al día con lo que hacen los demás. Estas cosas pueden preocuparte y agobiarte. Pero, ¿sabes qué? Hay maneras de manejarlo todo sin dejar que el estrés se apodere de tu vida.

Una excelente manera de manejar el estrés es a través de la meditación consciente. Esta es una práctica sencilla en la que te concentras en tu respiración y vives el presente. Busca un espacio tranquilo, cierra los ojos, respira lenta y profundamente. Observa cómo se siente tu cuerpo y deja que tus pensamientos vayan y vengan sin juzgarlos. Incluso unos pocos minutos pueden ayudarte a calmar tu mente y reducir el estrés. Otra habilidad útil es la gestión del tiempo. Esto significa planificar tus tareas para estar al tanto de todo. Usa una agenda o calendario para anotar tus tareas y actividades. Divide las tareas grandes en tareas más pequeñas y abórdalas una a una. Es genial tachar cosas de la lista y te ayuda a evitar el pánico de último minuto.

El ejercicio también es una forma maravillosa de aliviar el estrés. Mover el cuerpo libera endorfinas, que son sustancias químicas que te hacen sentir bien. El yoga es perfecto para la relajación. Combina estiramientos suaves con respiración profunda. No necesitas ser muy flexible para probarlo. Empieza con posturas sencillas como la del árbol o la del niño. Si te gusta estar con otras personas, considera unirte a un deporte de equipo. Jugar al fútbol o al baloncesto con amigos no solo es divertido, sino que es una excelente manera de hacer nuevos amigos con los cuales puedas apoyarte mutuamente. La interacción social puede mejorar tu estado de ánimo y ayudarte a olvidarte de tus preocupaciones, aunque sea por un rato.

Las actividades creativas, en las que se usan las manos y la mente, pueden ser una gran distracción y también pueden ayudarte a expresarte y reducir el estrés. Toma papel y empieza a dibujar o pintar. No hace falta ser un artista para disfrutarlo. Deja volar tu imaginación. Usa colores y formas para expresar cómo te sientes. Escribir es otra poderosa vía de escape. Intenta escribir un poema o un cuento. No importa si rima o tiene sentido. Simplemente plasma tus pensamientos y sentimientos en papel. Crear algo nuevo puede darte una sensación de logro y alegría. Es una oportunidad para escapar a tu propio mundo y dejar atrás tus preocupaciones, aunque sea por un rato.

Ejercicio creativo: Arte para aliviar el estrés

- Busca papel, marcadores o pinturas.
- Dibuja o pinta algo que represente cómo te sientes hoy.
- Usa colores que combinen con tu estado de ánimo.
- Cuélgalo en un lugar especial como recordatorio de que puedes con todo.

La pubertad trae consigo sus propios desafíos, pero aprender a manejar el estrés puede marcar una gran diferencia. Recuerda, está bien sentirse estresado a veces. Se trata de encontrar lo que te funciona y saber que tienes el poder de manejarlo. Ya sea a través de la atención plena, el ejercicio o la creatividad, hay muchas maneras de controlar el estrés.

3.2 POSITIVIDAD CORPORAL: CELEBRANDO TU YO ÚNICO

Imagina pararte frente a un espejo y ver a alguien que no es exactamente quien esperabas. Tal vez te preocupa una imperfección o sientes que no encajas con las imágenes que ves en internet. Aquí es donde entra la positividad corporal. Se trata de aceptar y amar tu cuerpo tal como es. Durante la pubertad, tu cuerpo cambia de maneras que pueden resultar extrañas o incluso incómodas. Pero cada cambio forma parte de la persona en la que te estás convirtiendo. La positividad corporal implica celebrar todos los tipos de cuerpo. Te anima a aceptar cada nueva forma y tamaño que surge con el crecimiento. Se trata de comprender que la belleza no encaja en un solo molde. Es diversa e incluye a todos.

Los medios de comunicación a menudo nos dicen cómo debería ser la belleza. Las redes sociales, las revistas y los programas de televisión pueden hacernos parecer que solo hay una manera de ser bella. Pero esto no es cierto. Los estándares de belleza suelen ser estrechos y poco realistas. No reflejan la asombrosa diversidad del mundo real. Cuestiona estas ideas pensando críticamente sobre lo que ves. Pregúntate si estas imágenes te hacen sentir bien o si te hacen dudar de ti misma. Intenta diversificar tu consumo de medios. Sigue a influencers y modelos a seguir que celebran diferentes tipos de cuerpo y orígenes. Busca personas que te inspiren y te hagan sentir bien contigo misma. Cuanto más veas la belleza diversa, más apreciarás tu yo único, como Mia está aprendiendo a hacer.

Mia se miraba fijamente en el espejo, tirando de su camisa. No le gustaba cómo le quedaba. No importaba la pose, no conseguía parecerse a las chicas que veía en las revistas o en las redes sociales. Sus cuerpos parecían perfectos—vientres planos, piel tersa y piernas largas. Mia sentía que no daba la talla.

En la escuela, no ayudaba que algunos de sus compañeros comentaran casualmente sobre la apariencia. "Está tan delgada; ojalá me pareciera a ella", había dicho una chica durante el almuerzo. Otra respondió: "Sí, yo también. Me siento tan gorda".

Mia se quedó callada, pero las palabras se le quedaron grabadas en la mente. ¿Se suponía que ella también debía verse así? Empezó a compararse con todos—sus amigos, famosos, incluso desconocidos. Cuanto más lo pensaba, peor se sentía.

Esa noche, la madre de Mia notó su inusual silencio. "¿Qué piensas, mi amor?", preguntó. Mia dudó un momento y finalmente respondió: "Mamá, ¿por qué no me parezco a las chicas de Instagram? Todas son tan bonitas, y yo me siento... normal".

Su madre suspiró y se sentó a su lado. "Mia, el mundo puede ser muy duro con las chicas en cuanto a la apariencia. ¿Pero esas fotos que ves? Muchas no son reales. Tienen filtros, están editadas y posadas para verse perfectas. Ni siquiera las personas de esas fotos se ven así en la vida real".

"Pero está en todas partes", dijo Mia. "¿Cómo se supone que voy a sentirme bien conmigo misma?".

Su madre sonrió con dulzura. "Eres más que lo que ves en el espejo. Tienes amabilidad, creatividad y fuerza—todo eso te hace hermosa. Está bien querer cuidarte, pero no dejes que el mundo defina tu valor solo por tu apariencia".

Mia pensó en las palabras de su madre. No fue fácil ignorar la presión, pero tal vez podría empezar a verse de otra manera— a través de sus propios ojos, no a través de los del mundo.

Mientras se preparaba para dormir, se miró el reflejo una vez más. Esta vez, en lugar de centrarse en lo que no le gustaba, sonrió y pensó en lo que la hacía especial. Fue un pequeño paso, pero lo sintió como el comienzo de algo importante.

El amor propio y la aceptación se pueden cultivar con prácticas sencillas. Empieza cada día con una afirmación positiva. Párate frente al espejo y dite algo amable. Puede que al principio te parezca extraño, pero las palabras tienen poder. Decir: "Soy hermosa tal como soy" puede cambiar cómo te ves. Llevar un diario de gratitud es otra forma de centrarse en lo positivo. Escribe tres cosas que aprecias de tu cuerpo. Podrían ser tus piernas fuertes que te ayudan a pasar el día o tu sonrisa radiante que ilumina una habitación. Al centrarte en lo que tu cuerpo hace por ti, empezarás a apreciarlo más. Estos pequeños actos de autocuidado pueden marcar una gran diferencia en cómo te sientes.

Hay innumerables historias de personas que han abrazado la positividad corporal y han encontrado la fuerza. Por ejemplo, una chica llamada Natasha. Siempre se sintió acomplejada por su estatura, a menudo superior a la de sus amigos. Pero un día decidió apuntarse a un equipo de baloncesto. Allí descubrió que su altura era un punto fuerte, no un defecto. La aceptó y destacó en el deporte que amaba. O pensemos en el movimiento comunitario que se inició en un instituto local. Los alumnos se reunieron para celebrar el Día de la Positividad Corporal. Compartieron historias personales, lucieron atuendos que les hacían sentir seguros de sí mismos y crearon carteles con mensajes de amor propio. Estas historias muestran que abrazar la positividad corporal no es sólo sentirse mejor con uno mismo. Se trata de encontrar la fuerza en quién eres y compartirla con los demás.

Ejercicio de empoderamiento: Reto de la afirmación diaria

- Cada mañana, ponte delante del espejo y di una cosa positiva sobre ti.
- Puede ser sobre tu aspecto, un talento o un logro personal.
- Escríbelo en una hoja, pégala en el espejo y reflexiona sobre cómo te hacen sentir estas afirmaciones a lo largo del tiempo.
- Recuerda que has sido creado por Dios. No hay nadie exactamente igual a ti, ¡eres único! Tal y como fuiste creado para ser.

La positividad corporal es una herramienta poderosa. Te ayuda a ver más allá de las expectativas y presiones de la sociedad. Aceptándote y celebrando tu singularidad, encontrarás una sensación de paz y confianza. Recuerda que no estás sola. Mujeres jóvenes (y mayores) de todo el mundo están en el mismo camino, trabajando para abrazar su verdadero yo.

3.3 CONSTRUIR LA CONFIANZA: ENCONTRAR TU FUERZA INTERIOR

La confianza no se adquiere de la noche a la mañana. Es algo que se construye poco a poco. Es como plantar un jardín. Empiezas con semillas y, con el tiempo, con cuidado y atención, esas semillas se convierten en plantas fuertes. Las relaciones de apoyo son como el sol y la lluvia que ayudan a que crezca tu confianza. Tener personas en tu vida que crean en ti puede marcar una gran diferencia. Te recuerdan tus puntos fuertes cuando los olvidas. Te animan cuando intentas cosas nuevas. Reflexionar sobre tus experiencias también ayuda. Tómate tiempo para pensar en lo que te hace sentir segura de ti misma. Fíjate en cuándo te sientes fuerte y qué hacías en esos momentos. Esta autoconciencia es como un mapa que te guía en el camino.

Haz este ejercicio: Haz una lista de las personas positivas de tu vida: las que te animan, creen en ti y siempre están dispuestas a ayudarte. Por ejemplo, tu madre, tu tía, tu abuela, tu vecina, tu profesora, tus amigas, la madre de tu novio, la mujer del pastor, etc. Es bueno saber a quién tienes en tu esquina a quien puedes llamar cuando necesites ánimo o ayuda para descifrar este viaje de la pubertad. Contar con un equipo puede hacerlo más fácil y divertido.

Todo el mundo tiene algo especial. También tú. A lo mejor se te da bien dibujar o se te da bien resolver rompecabezas. Sea lo que sea, reconocer tus puntos fuertes personales es clave para ganar confianza. Haz una lista de las cosas que se te dan bien. Es tu inventario de puntos fuertes. Puede ser cualquier cosa, grande o pequeña. Quizá se te dé bien escuchar, o tal vez seas buena organizando cosas. Una vez que tengas tu lista, fija algunos objetivos personales. Si te gusta el arte, quizá tu objetivo sea crear un dibujo nuevo cada semana. Los objetivos te dan algo por lo que trabajar y conseguir. Te ayudan a aumentar tu confianza, paso a paso.

Salir de tu zona de confort puede asustarte, pero es una forma genial de ganar confianza. Probar nuevas actividades y retos puede demostrarte de lo que eres capaz. Apuntarte a clubes o grupos en el colegio es un buen comienzo. Ya sea el club de teatro, el periódico escolar o un equipo deportivo, estas actividades te ayudan a descubrir nuevos intereses y habilidades. Incluso pueden ayudarte a identificar lo que no te gusta, y a veces no lo sabrás hasta que lo pruebes por ti mismo. Esta es la época de tu vida en la que descubres nuevas oportunidades y aventuras. El voluntariado es otra forma de dar un paso adelante. Te sientes bien ayudando a los demás y aprendes mucho sobre ti mismo en el proceso. Puede que descubras que tienes dotes de liderazgo o que te gusta trabajar en equipo. Cada nueva experiencia aumenta tu confianza.

Los modelos de conducta pueden ser guías poderosos en tu camino hacia la confianza. Te muestran lo que es posible y te inspiran para seguir adelante cuando las cosas se ponen difíciles. Piensa en personas a las que admiras. Tal vez sea un profesor que siempre te anima o un familiar que ha superado retos. Estos modelos pueden enseñarte a ser fuerte. Pueden enseñarte la capacidad de recuperación y el poder de la perseverancia. Los programas de tutoría de tu iglesia local y las iniciativas de apoyo comunitario pueden ponerte en contacto con personas que pueden guiarte. Te ofrecen la oportunidad de aprender de las experiencias de otros y aplicar esas lecciones a tu propia vida. Formar parte de una comunidad que te apoya y cree en ti es como tener un equipo de animadoras a tu lado.

La confianza es algo que se construye cada día, con cada decisión que tomas y cada paso positivo que das. Se trata de creer en uno mismo, incluso cuando las cosas parecen inciertas. Es saber que tienes la fuerza para intentarlo, para aprender y para crecer. Tienes todo lo que necesitas dentro de ti. A veces, sólo necesitas que te lo recuerden.

3.4 EL PODER DEL DIÁLOGO INTERNO POSITIVO

¿Alguna vez te has sorprendido pensando: "No soy bueno en esto" o "No puedo con esto"? Estos pensamientos pueden colarse y hacerte dudar de ti mismo. Ahí es donde entra en juego el diálogo interno positivo. Es la voz interior que te anima, en lugar de desanimarte. El diálogo interno positivo puede cambiar cómo te sientes contigo mismo y con el mundo que te rodea. Cuando lo practicas, aumenta tu autoestima y te hace más resiliente. Es como tener un animador personal en tu mente, siempre apoyándote. El diálogo interno negativo, por otro lado, es como un duendecillo molesto que intenta convencerte de que no eres suficiente. Pero con la práctica tienes el poder de cambiarlo.

Una forma de empezar es replantear los pensamientos negativos. Cuando te des cuenta de que piensas algo desagradable sobre ti misma, detente y piensa en cómo puedes cambiarlo. Por ejemplo, si piensas "Metí la pata", intenta cambiarlo a "Aprendí algo nuevo". Este pequeño cambio puede ayudarte a ver las cosas de forma más positiva. La visualización es otra gran técnica. Cierra los ojos e imagínate logrando algo que quieres lograr. Puede ser cualquier cosa, desde sacar buena nota en un examen hasta hacer un nuevo amigo. Imagínate sintiéndote segura y feliz. Esta práctica ayuda a tu cerebro a creer que puedes lograrlo. Es como crear una película mental donde tú eres la protagonista.

Las afirmaciones y los mantras también pueden desempeñar un papel importante en la construcción de un diálogo interno positivo. Son frases cortas y poderosas que te repites a ti misma. Ayudan a reforzar una mentalidad positiva. Intenta decir "Soy capaz y fuerte" cuando necesites un impulso de confianza. O usa "Acepto el cambio y el crecimiento" cuando te enfrentes a nuevos desafíos. Estas frases te recuerdan tus fortalezas y te ayudan a mantenerte firme cuando las cosas se sienten inestables. Cuanto más las digas, más las creerás. Puede que al principio te parezca una tontería, pero persevera. Con el tiempo, estas palabras se convierten en parte de cómo te ves a ti misma.

Convertir el diálogo interno positivo en un hábito diario es clave para ver sus beneficios. Empieza por dedicar unos minutos cada día a practicar. Puedes hacerlo frente al espejo, mientras caminas o incluso mientras te preparas para ir a dormir. Haz un seguimiento de tu progreso anotando tus afirmaciones y cómo te hacen sentir. Esta reflexión puede ayudarte a ver los cambios en tu mentalidad con el tiempo. Comparte tus afirmaciones también con tus amigas y amigos. Anímalos a unirse a esta práctica. Pueden intercambiar afirmaciones y apoyarse mutuamente para construir una perspectiva más positiva de ellos mismos. Es increíble cómo una experiencia compartida puede fortalecer las amistades y crear un círculo de apoyo.

Ejercicio: Frasco de afirmaciones positivas

- Busca un frasco o caja pequeña.
- Escribe tus afirmaciones favoritas en tiras de papel y colócalas en el frasco. Ejemplos: los versículos de promesas bíblicas fortalecen la confianza,
- Cada día, dibuja una y concéntrate en ella. Repítela a lo largo del día.
- Anima a tus amigos a crear sus propios frascos y compartir contigo sus afirmaciones favoritas.

Afirmaciones y citas para fortalecer la confianza: ejemplos/ideas

Afirmaciones positivas

Soy capaz de cosas increíbles.

Merezco el éxito y la felicidad.

Confío en mis capacidades.

Soy suficiente, tal como soy.

Confío en mí misma para tomar las decisiones correctas.

Soy digna de amor y respeto.

Puedo lograr cualquier cosa que me proponga.

Estoy orgullosa de lo lejos que he llegado.

Soy fuerte, resiliente y valiente.

Irradio confianza y positividad.

Citas motivacionales

Cree en ti mismo y en todo lo que eres. Ten presente que hay algo dentro de ti que es más grande que cualquier obstáculo".

— CHRISTIAN D.LARSON

La confianza no proviene de tener siempre la razón, sino de no tener miedo a equivocarme".

— PETER T. MCINTYRE

Lo más hermoso que puedes llevar es la confianza".

— BLAKE LIVELY

Tu potencial es infinito. Haz lo que fuiste creado para hacer".

" *Eres más poderoso de lo que crees; eres hermoso tal como eres".*

— MELISSA ETHERIDGE

" *No esperes a tener confianza para dar el siguiente paso. Da el paso, y la confianza llegará".*

" *Ella creyó que podía, y lo hizo".*

— R.S. GREY

" *Actúa como si lo que haces marcara la diferencia. Sí la marca".*

— WILLIAM JAMES

" *El éxito no es definitivo, el fracaso no es fatal: lo que cuenta es la valentía para continuar".*

— WINSTON CHURCHILL

" *Lo que queda atrás y lo que queda por delante son insignificantes comparados con lo que llevamos dentro".*

— RALPH

Afirmaciones basadas en la fe

Todo lo puedo en Cristo que me fortalece".

— FILIPENSES 4:13

Porque yo sé los planes que tengo para ustedes— declara el Señor—planes de bienestar y no de calamidad, planes para darles esperanza y un futuro".

— JEREMÍAS 29:11

Dios está en ella; no caerá".

— SALMOS 46:5

He sido creado de manera admirable y maravillosa".

— SALMOS 139:14

Sé fuerte y valiente. No temas ni te desanimes, porque el Señor tu Dios estará contigo dondequiera que vayas".

— JOSUÉ 1:9

Impulsores breves y concisos

¡Lo tengo!

Soy imparable.

Cada día es un nuevo comienzo.

Elijo ver lo mejor de mí.

La confianza me sienta bien.

Tengo el poder de crear la vida que quiero.

Soy mi mayor motivación.

Crezco y evoluciono cada día.

Soy un imán para la positividad y el éxito.

Soy valiente, audaz y hermosa.

El diálogo interno positivo no se trata solo de palabras. Se trata de cambiar tu forma de pensar y sentir. Cuanto más pienses positivamente, más creerás y actuarás con confianza. Se trata de construir una mentalidad que te apoye, sin importar lo que la vida te depare. Al practicar con regularidad y compartir con los demás, descubrirás que tu voz interior se convierte en una fuente de fuerza y aliento. Tienes el poder de elegir y moldear tu mundo.

3.5 LIDIANDO CON LA PRESIÓN DE GRUPO: MANTENTE FIEL A TI MISMA

Imagina que estás con tus amigos y alguien te sugiere hacer algo con lo que no te sientes cómoda. Quizás sea probar una nueva moda que no te convence, o quizás faltar a la escuela solo porque todos los demás lo hacen. Esto es presión de grupo. Es lo que sucede cuando te sientes presionado a hacer algo porque otros lo hacen. La presión de grupo puede ser directa, como cuando alguien te dice que hagas algo. También puede ser indirecta, cuando sientes que tienes que seguirle la corriente solo para encajar con ellos. Las redes sociales pueden aumentar aún más la presión de grupo. Puede que veas publicaciones de personas haciendo cosas que parecen divertidas o geniales, y eso te haga sentir que debes hacer lo mismo. Pero es importante recordar que no tienes que hacer nada que no te parezca correcto.

Resistir la presión de grupo comienza por saber quién eres y en qué crees. Esto significa desarrollar un fuerte sentido de identidad. Piensa en lo que te importa y en lo que te hace sentir cómoda. Estos son tus valores y guían tus decisiones. La comunicación asertiva es una herramienta útil. Se trata de decir lo que piensas y sientes con claridad y seguridad. Si alguien te pide que hagas algo que no quieres, puedes decir: "No, no me interesa" o "Eso no es para mí". No tienes que dar explicaciones ni disculparte. Ser firme y clara puede ayudar a los demás a comprender tus límites. Practica decir que no frente al espejo o con un amigo. Cuanto más lo hagas, más fácil te resultará.

Así es como Sarah, una chica valiente y segura de sí misma, enfrentó la presión de grupo en la escuela. Sus amigos querían que faltara a clase y se quedara en el centro comercial. Sarah pensó en lo que era importante para ella y decidió mantenerse firme. Les dijo a sus amigos que tenía un examen para el que quería estudiar y sugirió reunirse después de la escuela. Al principio, sus amigos se burlaron de ella. Pero con el tiempo, respetaron su decisión. Sarah aprendió que ser fiel a sí misma era mejor que aceptar algo que no quería hacer. También se dio cuenta de que sus verdaderos amigos apoyaban sus decisiones. Esta experiencia ayudó a Sarah a fortalecerse y a tener más confianza en sus decisiones.

Construir una red de apoyo puede ayudarte a resistir la presión social. Rodéate de personas que respeten tus límites y apoyen tus decisiones. Elige amigos que compartan tus valores y te animen a ser tú misma. Es más fácil mantenerse firme cuando tienes a tu lado a otras personas que te comprenden y respetan. Participar en actividades grupales que se alineen con tus valores también puede ayudar. Únete a clubes o equipos donde conozcas a personas que disfrutan de las mismas cosas que tú. Ya sea un club de teatro, un equipo deportivo o un club de lectura, estos grupos pueden ofrecerte un sentido de pertenencia y apoyo. Te ayudan a concentrarte en lo que te importa y te recuerdan que no estás solo.

Cuando te enfrentes a la presión social, recuerda que tienes el poder de tomar tus propias decisiones. Está bien decir que no y defender tus creencias. No tienes que seguir a la multitud, especialmente si no te sientes cómoda. Ser fiel a ti misma es más importante que encajar con los demás. Si tienes confianza en tus valores y te rodeas de amigos que te apoyan, podrás superar la presión de grupo y mantenerte fiel a ti misma.

AUTOCUIDADO Y BIENESTAR

Imagínate esto: es lunes por la mañana y estás apurada por prepararte para ir al colegio. Agarras la mochila, el almuerzo y te diriges a la puerta. Pero espera, ¿te acordaste de lavarte los dientes? ¿Te lavaste la cara? Estos pequeños pasos pueden parecer una tarea más, pero son muy importantes. Te ayudan a mantenerte sana y a sentirte bien. El autocuidado consiste en cuidar el cuerpo y la mente. Se trata de asegurarte de que te sientes lo mejor posible cada día. Veamos algunas formas sencillas de mantenerte fresca y limpia.

Mantenerse fresca empieza con una sencilla rutina diaria. Ducharse o bañarse todos los días es una forma estupenda de eliminar el sudor y la suciedad. Sobre todo, durante la pubertad, cuando tu cuerpo cambia tanto. Es posible que notes que sudas más o que tu piel se vuelve más grasa. El baño ayuda a controlar estos cambios. Utiliza un jabón suave para limpiarte el cuerpo. Te ayudará a mantener la piel sana y limpia, pero sin irritarla. Después de ducharte, ponte ropa limpia. Esto te ayudará a sentirte más cómoda y segura. Lavarte las manos es otra parte fundamental de la higiene. Todos

los días hay que lavarse las manos con regularidad ya que ayuda a prevenir la propagación de gérmenes. Lávate las manos antes de comer, después de ir al baño y siempre que las veas sucias. Utiliza agua tibia y jabón. Frótate todas las partes de las manos, incluso entre los dedos, durante al menos 20 segundos. Cantar el "Cumpleaños feliz" dos veces es una forma divertida de asegurarte de que te lavas el tiempo suficiente.

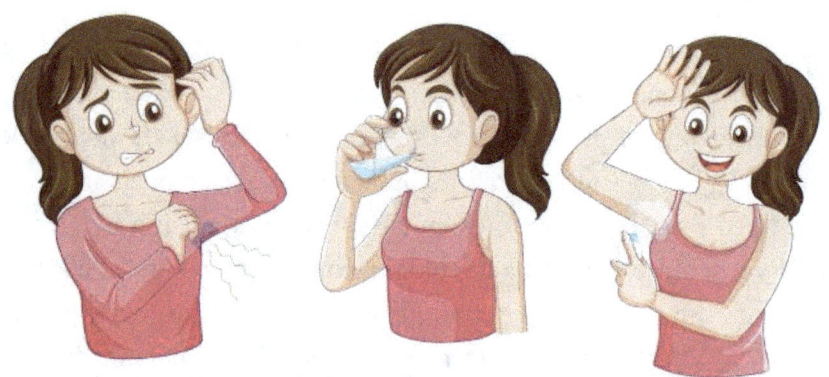

PROBLEMAS CON EL OLOR CORPORAL

También es importante controlar el olor corporal. Durante la pubertad, las glándulas sudoríparas se vuelven más activas. Esto puede provocar olor corporal, sobre todo debajo de los brazos. Los desodorantes pueden ayudar, hay muchas variedades para elegir, es prudente leer las etiquetas y los ingredientes, hasta encontrar la mejor opción para tus necesidades. Puede que prefieras un olor o una fragancia determinados, o puede que quieras una opción sin perfume o aroma. Existen diferentes aplicaciones de desodorante, como roll-ons, barras sólidas, cremas, piedras de alumbre y sprays de distintos tipos. Todas ellas sirven para enmascarar el olor a sudor y te mantienen fresca.

Los antitranspirantes van un paso más allá. Reducen la cantidad de sudor que produce el cuerpo. Elige un producto que te haga sentir bien en la piel. Los tejidos transpirables, como el algodón, también ayudan. Estos tejidos dejan respirar la piel y reducen la sudoración.

La higiene bucal es tan importante como la corporal. Cepillarse los dientes dos veces al día mantiene la boca sana. Utiliza un cepillo de dientes con cerdas suaves y pasta dentífrica con flúor. Cepíllate todas las superficies de los dientes y también la lengua. Así se eliminan las partículas de comida y la placa. Usar hilo dental una vez al día también es clave. Llega a lugares a los que el cepillo no llega. Las revisiones dentales periódicas también son importantes. Ayudan a detectar cualquier problema a tiempo, manteniendo tu sonrisa brillante y sobretodo sana. Muchos preadolescentes se ponen brackets o aparatos de ortodoncia para alinear la mordida y enderezar los dientes. Para ellos, es aún más importante el cepillado regular y el uso de hilo dental, ya que son esenciales para prevenir las caries.

La piel es el órgano más grande del cuerpo y también necesita cuidados. Lavarse la cara cada mañana y cada noche es un buen comienzo. Utiliza un limpiador suave para eliminar la suciedad y la grasa. Evita los productos químicos agresivos que pueden irritar la piel. Después de la limpieza, aplícate una crema hidratante. Mantendrá tu piel hidratada y suave. Busca productos no comedogénicos. Que no obstruyan los poros, lo que ayuda a prevenir el acné. Si usas maquillaje, quítatelo cada noche antes de dormir. Esto permite que tu piel respire y rejuvenezca para mantenerse sana y limpia.

Acné obvio

Lavado de Cara

Cabello Grasoso

Lavado de Cabello

Ejercicio de reflexión: Lista de control de mi rutina diaria

- Haz un plan para tu rutina de higiene diaria, para que se convierta en un nuevo hábito.
- Incluye pasos como ducharte, lavarte las manos y cepillarte los dientes.
- Marca cada tarea a medida que la completes.
- Reflexiona sobre cómo te hacen sentir estos hábitos a lo largo del día.

Cuidarse es importante. Te ayuda a sentirte bien por dentro y por fuera. Estos sencillos hábitos pueden marcar una gran diferencia en tu salud y confianza. ¡Te mereces estar y sentirte bien cada día!

4.1 NUTRICIÓN PARA UN CUERPO EN CRECIMIENTO: QUÉ COMER DURANTE LA PUBERTAD

Imagina tu cuerpo como una planta en crecimiento. Al igual que una planta necesita luz solar y agua, tu cuerpo necesita los nutrientes adecuados para crecer y prosperar. Durante la pubertad, todo cambia y se desarrolla. Por eso es tan importante la nutrición. Las comidas equilibradas aportan a tu cuerpo la energía y los nutrientes que necesita. Piensa en tu plato como en un arco iris. Llénalo de alimentos variados para asegurarte de que ingieres todas las vitaminas y minerales necesarios. Las frutas y verduras de colores aportan vitaminas como la A y la C. Los cereales integrales te dan energía para todo el día. Las proteínas como el pollo, los granos o el tofu ayudan a fortalecer los músculos.

Las vitaminas y los minerales juegan un papel importante para mantener tu cuerpo sano. El calcio y el hierro son especialmente importantes durante esta época. El calcio ayuda a que tus huesos crezcan fuertes. Lo puedes encontrar en alimentos como las verduras de hoja verde, la leche y el queso. El hierro ayuda a tu cuerpo a producir glóbulos rojos, que transportan oxígeno. Los alimentos ricos en hierro incluyen las espinacas y las carnes magras. Sin suficiente hierro, podrías sentirte cansado o débil. No olvides el zinc y el magnesio. Ayudan al crecimiento y a tener energía. Puedes obtenerlos de los frutos secos, las semillas y los cereales integrales.

Los alimentos ricos en nutrientes son como un súper combustible para tu cuerpo. Las verduras de hoja verde como la col rizada y el brócoli están repletas de calcio y hierro. Son excelentes para mantener tus huesos y sangre sanos. Los cereales integrales como el arroz integral y la avena le dan a tu cuerpo energía duradera. Te ayudan a sentirte saciada y concentrada durante todo el día. Come frutos secos y semillas como refrigerio para obtener un aporte extra de grasas saludables y proteínas. Son perfectos para cuando necesitas un energizante rápido después de la escuela o entre actividades. Y no te olvides de las frutas. Están llenas de vitaminas y son un dulce y saludable bocadillo.

El agua es tan importante como los alimentos que consumes. Mantenerte hidratada ayuda a tu cuerpo a funcionar correctamente. Mantiene tu piel limpia, facilita la digestión y te ayuda a concentrarte mejor. Intenta beber unos ocho vasos de agua al día. Puede parecer mucho, pero te ayuda a sentirte de maravilla. Lleva una botella de agua a la escuela. Bebe a sorbos a lo largo del día para mantenerte hidratada. Presta atención a las señales de tu cuerpo. Si tienes sed, tu cuerpo te está pidiendo agua. Las señales de deshidratación incluyen cansancio, sequedad bucal o dolor de cabeza. Si las notas, tómate un descanso y bebe algo.

Comer conscientemente significa escuchar a tu cuerpo. Se trata de saber cuándo tienes hambre y cuándo has tenido suficiente. Presta atención a las señales de hambre y saciedad. Come despacio y disfruta de cada bocado. Esto te ayuda a reconocer cuándo estás llena y evita comer en exceso. Es fácil comer rápido cuando estás ocupada o distraída. Pero tomarse un tiempo para comer puede ayudarte a disfrutar más de la comida. Evita comer por aburrimiento o estrés. Estas emociones pueden llevar a hábitos alimenticios poco saludables. En su lugar, busca otras maneras de gestionar tus sentimientos, como hablar con un amigo o salir a caminar.

Elegir alimentos saludables durante la pubertad sienta las bases para una vida fuerte y saludable. Tu cuerpo se esfuerza por crecer y cambiar, y necesita el combustible adecuado para ello. Llevar una dieta equilibrada y rica en nutrientes te ayuda a sentirte con energía y lista para afrontar lo que se te presente.

4.2 EL SUEÑO IMPORTA: LA IMPORTANCIA DE LAS NOCHES DE DESCANSO

Imagina acurrucarte en tu cómoda cama después de un largo día. Cierras los ojos y pronto te sumerges en un mundo de sueños. Pero dormir es más que solo soñar. Es cuando tu cuerpo realiza una de sus funciones más importantes. Durante el sueño, tu cuerpo libera hormonas clave para el crecimiento y la curación. Estas hormonas ayudan a que tus músculos crezcan, reparen células y fortalezcan tu sistema inmunitario. Es como un mantenimiento nocturno de tu cuerpo. Dormir también juega un papel importante en el cuidado de tu cerebro. Te ayuda a concentrarte y a aprender mejor. Cuando duermes lo suficiente, puedes pensar con claridad y recordar las cosas con mayor facilidad. Dormir bien por la noche también puede hacerte sentir más feliz y menos estresada.

Adoptar una buena rutina de sueño puede ayudarte a disfrutar de todos estos beneficios. Intenta acostarte y despertarte a la misma hora todos los días, incluso los fines de semana. Esto ayuda a tu cuerpo a encontrar un ritmo que facilita conciliar el sueño. Crear una rutina para la hora de dormir también puede indicarle a tu cuerpo que es hora de relajarse. Puedes empezar atenuando las luces y haciendo algo relajante. Piensa en leer un libro o escuchar música relajante. Es como decirle a tu cuerpo: "Oye, es hora de relajarte". Evita actividades emocionantes como jugar videojuegos o ver series de acción justo antes de acostarte. Estas pueden dificultar conciliar el sueño.

A veces, quedarse dormido puede ser como intentar atrapar un pez resbaladizo. Una forma de facilitarlo es limitar el tiempo frente a la pantalla antes de acostarte. La luz azul de los teléfonos y tabletas puede engañar a tu cerebro haciéndole creer que todavía es de día. Intenta apagar las pantallas al menos una hora antes de dormir. Si das vueltas en la cama, prueba algunas técnicas de relajación. Respira lenta y profundamente. Inhala profundamente y luego exhala lentamente. Imagina un lugar tranquilo, como una playa o un bosque. Esto puede ayudarte a calmar la mente. Si tus pensamientos no paran de dar vueltas, anótalos en un cuaderno. A veces, escribir puede ayudarte a despejar la mente.

Dormir bien puede ayudarte a destacar en tu vida diaria. Cuando descansas bien, estás lista para afrontar las tareas y actividades escolares con energía y concentración. Quizás te resulte más fácil concentrarte en clase o recordar lo que estudiaste. Dormir también contribuye al equilibrio emocional. Es más fácil manejar el estrés y las emociones cuando has descansado lo suficiente. Quizás descubras que eres más paciente y menos propensa a sentirte abrumada. Es como tener un superpoder que te ayuda a mantener la calma y la serenidad.

Dormir lo suficiente es una forma sencilla de cuidarte. Ayuda a tu cuerpo a crecer, mantiene tu cerebro ágil y te hace sentir bien. Al establecer una rutina para la hora de dormir y crear un ambiente relajante, puedes disfrutar de todos los beneficios de una buena noche de sueño.

4.3 EJERCICIO Y MOVIMIENTO: MANTENERTE ACTIVA PARA LA SALUD

¿Conoces esa sensación de correr por el campo, con el viento en el cabello y el mundo desdibujándose a tu alrededor? No solo es divertido; también es excelente para tu cuerpo. Correr, nadar y otras actividades cardiovasculares son como potentes motores para tu corazón y pulmones. Mantienen todo funcionando a la perfección. Ayudan a tu corazón a bombear mejor la sangre y fortalecen tus pulmones. Además, son una excelente manera de quemar energía. Puede que no lo notes de inmediato, pero estas actividades también te ayudan a concentrarte mejor. Le dan un impulso a tu cerebro, lo que facilita hacer las tareas o concentrarte en clase. Así que, la próxima vez que salgas a correr, ten la seguridad de que estás haciendo algo increíble por ti.

Pero no se trata solo de correr. El entrenamiento de fuerza también es importante. Y no necesitas aparatos de gimnasio sofisticados para empezar. Tu propio peso corporal es todo lo que necesitas. Piensa en ejercicios como flexiones, abdominales o planchas. Estos ayudan a desarrollar músculos y fortalecer los huesos. Los músculos fuertes sostienen tus articulaciones y ayudan a prevenir lesiones. También te ayudan a llevar tu mochila con mayor facilidad. Desarrollar fuerza no se trata solo de ser fuerte. Se trata de sentirte fuerte, por dentro y por fuera. Notarás que te sientes más segura cuando sabes que tu cuerpo puede con todo lo que se le presente.

Mantenerte activa también es excelente para tu mente. El ejercicio ayuda a reducir el estrés y la ansiedad. Cuando te mueves, tu cuerpo libera endorfinas. Estas son como pequeños estimulantes de la felicidad. Te hacen sentir tranquilo y feliz. Intenta moverte un poco cada día. No tiene que ser mucho. Incluso caminar o ir en bicicleta a la escuela cuenta. Es una forma sencilla de incorporar el ejercicio a tu rutina. Si buscas algo más social, los deportes de equipo o las clases de baile son perfectos. Te permiten moverte y divertirte con otros. ¡Todos ganan!

Encontrar actividades que te gusten es clave. Cuando disfrutas de lo que haces, no lo sientes como una obligación. Lo sientes como un juego. Explora diferentes opciones para ver qué te hace feliz. Quizás encuentres alegría en el yoga, donde puedes estirarte y relajarte al mismo tiempo. O quizás las artes marciales sean lo tuyo, ofreciendo una mezcla de disciplina y movimiento. Las ligas deportivas comunitarias son una excelente manera de probar algo nuevo. Suelen aceptar jugadores de todos los niveles, para que puedas aprender y crecer con otros.

Si no sabes por dónde empezar, piensa en qué te hace sonreír cuando te mueves. ¿Bailar por tu habitación al ritmo de tu canción favorita? ¿Jugar tú la traes con tus amigos en el parque? Sea lo que sea, dedica tiempo para ello. Mover el cuerpo debería hacerte sentir bien. Es tu oportunidad de explorar lo que te apasiona y lo que tu cuerpo puede hacer.

Hacer ejercicio no se trata solo de mantenerse en forma. Se trata de sentirse bien y cuidarse. Se trata de crear un hábito que apoye tu cuerpo y tu mente. Por eso, ponte los zapatos deportivos, busca la bicicleta o simplemente extiende la colchoneta. El movimiento es tu aliado y te espera para que te unas a él.

4.4 TÉCNICAS DE ATENCIÓN PLENA Y RELAJACIÓN

Imagina sentarte bajo un árbol en un día soleado, sintiendo la suave brisa y escuchando el canto de los pájaros. Esa sensación de paz y de estar presente en el momento es la esencia de la atención plena. Es una forma de ayudarte a gestionar el estrés y las emociones. Cuando la vida se siente abrumadora, la atención plena puede devolverte a un estado de calma. Te ayuda a concentrarte en el presente, no en el pasado ni en el futuro. Al practicar la atención plena, puedes reducir la ansiedad y sentirte más relajada. Es como poner en pausa tu ajetreada vida, dándote espacio para respirar y pensar con claridad.

La atención plena puede comenzar con algo tan simple como respirar. Los ejercicios de respiración profunda son una excelente manera de comenzar. Busca un lugar tranquilo, siéntate cómodamente y cierra los ojos. Inhala lenta y profundamente por la nariz. Mantén la respiración un momento y luego exhala lentamente por la boca. Al exhalar, imagina que liberas el estrés o las preocupaciones. Haz esto varias veces, concentrándote solo en tu respiración. Es un pequeño paso, pero puede marcar una gran diferencia en cómo te sientes. Otra técnica es la visualización guiada. Imagina una escena tranquila, como una playa o un bosque. Imagínate allí, sintiendo el calor del sol o escuchando el susurro de las hojas. Esta visualización puede ayudarte a pasar del estrés a la serenidad.

Encontrar el equilibrio emocional puede ser complicado, pero los métodos de relajación pueden ayudar. La relajación muscular progresiva es una forma eficaz de liberar tensiones. Empieza por tensar los músculos de los pies, mantenlos así unos segundos y luego relájalos lentamente.

Sigue subiendo por el cuerpo, tensando y relajando cada grupo muscular. Este ejercicio te ayuda a ser consciente de dónde retienes la tensión y cómo liberarla. Escuchar música relajante o sonidos de la naturaleza también favorece la relajación. Elige música que te tranquilice, como suaves melodías de piano o el sonido de la lluvia. Cierra los ojos y deja que los sonidos te invadan y te lleven a un lugar tranquilo. Estas actividades pueden ayudarte a encontrar la calma, incluso en los días más ajetreados.

La clave de la atención plena es la práctica regular. Dedicarle un poco de tiempo cada día puede convertirlo en una parte natural de tu rutina. No tiene por qué ser mucho tiempo. Incluso cinco o diez minutos pueden ser eficaces. Encuentra un momento que te venga bien, por ejemplo, por la mañana antes de ir al colegio o justo antes de acostarte. La constancia es importante. Te ayuda a crear un hábito que puede beneficiarte en muchos aspectos de tu vida, desde ahora y en el futuro. Llevar un diario de tu práctica de atención plena también puede ayudarte. Anota cómo te sientes antes y después de cada sesión. Anota cualquier cambio en tu estado de ánimo o en tus niveles de estrés. Es una forma buenísima de seguir tus progresos y ver los beneficios a lo largo del tiempo.

Ejercicio de atención plena: Respiración y visualización

- Busca un lugar tranquilo para sentarte cómodamente.
- Cierra los ojos y respira lenta y profundamente tres veces.
- Imagina una escena tranquila en tu mente. Puede ser una playa, un bosque o un recuerdo favorito, lo que te haga sentir tranquilo.
- Dedica unos minutos a explorar ese lugar en tu mente, utilizando tus sentidos. Siente la arena, escucha las olas o huele los pinos.
- Vuelve lentamente a centrarte en el presente, abre los ojos y observa cómo te sientes.

La atención plena y la relajación son herramientas que puedes utilizar en cualquier momento y lugar. Te ayudan a conectar contigo misma y a encontrar la paz en medio del caos. Con la práctica, pueden convertirse en parte de tu vida diaria, ayudándote a manejar el estrés con facilidad.

4.5 CREAR UNA RUTINA DE AUTOCUIDADO: TU GUÍA PERSONAL

El autocuidado es una de esas cosas que parecen sencillas pero que pueden marcar una gran diferencia en cómo te sientes. Se trata de tomarte un poco de tiempo para centrarte en ti misma, lejos del ajetreo y el bullicio de la vida cotidiana. Durante la pubertad, todo parece estar cambiando. Tu cuerpo, tus emociones e incluso tus amistades. Es fácil quedar atrapada en todo ese ruido. Por eso es tan importante el autocuidado. Te ayuda a priorizar tus propias necesidades y tu bienestar. Es como darte un poco de amor y atención, que te mereces. Piensa en ello como una forma de recargar las pilas para poder enfrentarte al mundo con energía y confianza.

Crear una rutina de autocuidado significa encontrar actividades que te hagan sentir bien. Empieza por pensar en lo que te gusta. Tal vez leer un libro bajo una manta o escribir tus pensamientos en un diario. Puede que te guste pasear por el parque o pasar tiempo con una mascota. Estas actividades son algo más que aficiones. Son formas de conectar contigo misma y sentirte a gusto. Una vez que tengas una lista de las cosas que te gustan, programa algo de tiempo para ellas. No tiene por qué ser mucho. Incluso quince minutos al día pueden marcar la diferencia. Anótalo en tu calendario como si fuera una cita y cúmplelo. Es el momento de centrarte en ti.

La experimentación es clave. Lo que funciona hoy puede no funcionar mañana. Tus necesidades pueden cambiar, y no pasa nada. Muéstrate abierta a probar cosas nuevas. Quizá descubras que pintar te relaja o que levantar pesas te ayuda a centrarte. Si algo no te gusta, no pasa nada por cambiarlo. El autocuidado es personal y debe adaptarse a tu vida, no al revés. La flexibilidad es importante. A medida que crezcas, tus intereses y necesidades evolucionarán. Deja que tu rutina crezca contigo. Es como encontrar los zapatos adecuados. A veces hay que probarse varios pares de zapatos para encontrar el que encaja a la perfección. Y del mismo modo que usas zapatos diferentes para actividades diferentes, también encontrarás rutinas y opciones de autocuidado diferentes a medida que crezcas.

Hay muchas formas de cuidarse. Leer puede transportarte a otros mundos y dar un respiro a tu mente. Escribir un diario te permite expresar tus pensamientos y sentimientos, lo que te ayuda a comprenderlos mejor. Pasar tiempo en la naturaleza es otra forma maravillosa de cuidarse. Pasea por el bosque o siéntate junto a un lago. Deja que los sonidos y las vistas que te rodean te aporten paz. Si tienes una mascota, pasa tiempo jugando con ella o abrazándola. Los animales tienen una forma especial de hacernos sentir queridos y felices. Elijas lo que elijas, asegúrate de que es algo que te produce alegría.

El autocuidado no se trata de ser egoísta. Se trata de saber que importas y que cuidarte es importante. Se trata de reconocer cuándo necesitas un descanso y darte permiso para tomarlo. La vida puede ser ajetreada y exigente. Pero cuando priorizas el autocuidado, te das la fuerza para afrontarlo todo. Es una forma de decir: "Soy importante y merezco sentirme bien". Sé amable contigo misma y prioriza el descanso y las actividades que te aporten equilibrio y alegría.

Al concluir nuestro capítulo sobre autocuidado y bienestar, recuerda que estas prácticas forman parte de un proceso más amplio. Te ayudan a convertirte en una versión sana y feliz. A medida que avanzas, recuerda que el autocuidado es un proceso continuo. Se trata de encontrar lo que te funciona e integrarlo en tu vida. A continuación, exploraremos cómo desenvolverte en situaciones sociales, que pueden ser complicadas, pero son importantes para crecer.

¡Hola, lectora increíble!

¿Estás disfrutando de la *Guía esencial para chicas sobre la pubertad y la menstruación: de 8 a 14 años*? Tus comentarios son muy importantes para mí y ayudan a otras lectoras a descubrir este libro.

Si el contenido te resulta útil, inspirador o simplemente divertido, te agradecería enormemente que te tomaras un momento para compartir tu opinión en una reseña de Amazon. No tiene que ser larga — ¡unas pocas frases sobre lo que más te gusta marcarían una gran diferencia!

Solo toma un momento

Escanea el código QR para dejar tu reseña y compartir cómo este libro marcó la diferencia para ti o tu familia:

Gracias por ser parte de este viaje y por apoyar mi trabajo. ¡Feliz lectura!

Afectuosamente,

DebbieAnn

5

NAVEGAR EN SITUACIONES SOCIALES

I magínatelo: es el primer día de un nuevo año escolar, y entras en el comedor. Llevas tu bandeja en la mano, observando el lugar en busca de caras conocidas, con la esperanza de encontrar a un amigo. Encontrar tu lugar en situaciones sociales puede ser como resolver un rompecabezas. Cada pieza representa una parte diferente de lo que hace a un buen amigo, y juntarlas ayuda a crear conexiones fuertes. Las amistades son súper importantes. Ofrecen apoyo cuando las cosas se ponen difíciles y comparten tus victorias cuando las cosas van bien. Pero, ¿cómo construyes estas conexiones duraderas? Vamos a sumergirnos en lo que hace que una amistad sea sana y solidaria.

Un buen amigo es como una acogedora manta que te calienta en un día frío. Ofrecen calor y comodidad además te hacen sentir segura. La confianza es la base. Tú necesitas saber que puedes compartir secretos sin que los comparta con otros. La sinceridad es igual de importante. Ser sincero con el otro construye un vínculo fuerte. El respeto y la comprensión mantienen el equilibrio de la amistad. Significa escuchar las ideas del otro, incluso cuando tú no estés de acuerdo. También significa aceptar las peculiaridades y diferencias de tu amigo.

Un amigo que te apoya te alienta a crecer. Te animan y celebran tus victorias.

Hacer nuevos amigos puede parecer desalentador, pero no es tan difícil como crees. Apuntarse a clubes o actividades es una forma estupenda de conocer a gente que comparte tus intereses. Ya sea un club de teatro o un equipo de fútbol, estos grupos ofrecen la oportunidad de conectar en torno a objetivos comunes. La comunicación regular es clave. Escríbele a tus amigos, aunque sólo sea un mensaje rápido o un meme divertido. Estos pequeños gestos demuestran que tú te preocupas por ellos. Recuerda que las amistades necesitan cuidados. Como una planta que necesita agua y sol, las amistades prosperan con atención y esfuerzo.

Toda amistad tiene sus baches. Los malentendidos ocurren, pero no tienen por qué acabar con una amistad. La escucha eficaz es una herramienta poderosa. Significa escuchar realmente lo que dice tu amigo y no esperar a que llegue tu turno para hablar. Muestra empatía poniéndote en su lugar. Disculparse cuando uno se equivoca también es importante, demuestra que te importa la amistad más que solo tener razón. El perdón va de la mano con las disculpas. Guardar rencor es un lastre en una amistad. Dejar ir puede abrir la puerta a la sanación y el crecimiento. Los malentendidos bien manejados pueden fortalecer una amistad con honestidad y verdad, también puede fortalecer tu relación en confianza. Un amigo de confianza es un tesoro que no tiene precio.

Los límites son como líneas invisibles que mantienen sanas las amistades. Ponen límites a lo que resulta cómodo. No pasa nada por decir que no a cosas que no te parecen bien. Puede que tu amigo o amiga quiera que le prestes algo que no estás dispuesto a compartir, o que te sugiera hacer algo con lo que no te sientes cómodo. Decir que no forma parte del respeto a tus propias necesidades. También es importante comprender y aceptar las diferencias. No todos los amigos piensan o actúan como tú, y no pasa nada. Aceptar estas diferencias puede fortalecer la amistad.

Ejercicio de Reflexión: Mapa de la amistad

- Dibuja un mapa de tus amistades actuales.
- Escribe lo que aprecias de cada uno de tus amigos.
- Identifica las áreas en las que puedes mejorar, como la comunicación o el establecimiento de límites.
- Utiliza este mapa como guía para cultivar y hacer crecer tus amistades.

Las amistades son como los jardines. Necesitan cuidados, atención y, a veces, un poco de desmalezado para mantenerse sanas. Entonces puedes entender qué es un buen amigo y cómo cultivar esos lazos para construir relaciones duraderas que te apoyen y te animen.

5.1 EXPERTOS EN REDES SOCIALES: NAVEGANDO POR EL MUNDO DIGITAL

Las redes sociales pueden parecer una parte muy importante de la vida. En ellas compartimos fotos, comentamos publicaciones y nos mantenemos al día con nuestros amigos. Puedes mantenerte en contacto con otras personas, aunque vivan lejos. Puedes chatear con un amigo que se ha mudado a otra ciudad o ver qué está haciendo tu primo del otro lado del país. El mundo parece más pequeño y une a las personas. Pero también tiene otra cara. A veces, navegar por las redes sociales puede hacerte sentir que no estás a la altura. Puede que veas las fotos perfectas de las vacaciones de tu amigo o el atuendo nuevo e increíble de un compañero de clase y empieces a compararte con esas imágenes impecables. Recuerda, estas fotos a menudo muestran solo los mejores momentos. No cuentan toda la historia. Todos tenemos altibajos, incluso si no publican sobre ellos. Y recuerda esto: la mayoría de la gente nunca publica cosas que los hagan quedar mal o indispuestos. Así que, cuando comparas tu mal día con esas publicaciones, no es la realidad y te enfrentas a un desafío injusto al compararte con ellos.

Usar las redes sociales de forma segura es importante. Empieza por comprender la configuración de privacidad. Esta configuración controla quién puede ver tus publicaciones o enviarte mensajes. Asegúrate de saber cómo ajustarla para que te sientas cómoda. Quizás quieras mantener ciertas cosas privadas, compartiéndolas solo con amigos cercanos o familiares. También es bueno saber cómo reconocer y denunciar contenido inapropiado. Si ves algo que te

hace sentir incómoda o insegura, como acoso o intimidación, repórtalo. La mayoría de las plataformas tienen herramientas para esto. Ayudan a mantener las redes sociales como un espacio más seguro para todos. Confía en tu instinto. Si algo no te parece correcto, está bien tomar medidas o pedir ayuda a tus padres, tutores, profesores, adultos de confianza, etc.

Tomar descansos de las redes sociales puede ser refrescante. A veces, parece que hay presión por estar siempre conectado, pero es saludable tomar un respiro de vez en cuando. Planifica un tiempo sin conexión. Sal a caminar, lee un libro o pasa tiempo con amigos en persona. Estas actividades te ayudan a recargar energías y a disfrutar del mundo que te rodea. Puede que te sientas más relajado y concentrado cuando no estás mirando el teléfono constantemente. Participar en interacciones cara a cara también fortalece tus conexiones en la vida real. Es divertido compartir risas en persona o tener una conversación profunda sin la distracción de las notificaciones. Estos momentos hacen que las amistades sean más significativas y duraderas. La empatía digital implica ser amable y considerado en línea. Las palabras tienen poder, incluso en una pantalla. Es fácil olvidar que hay una persona real al otro lado de un comentario o mensaje. Evita los comentarios negativos y el ciberacoso. En cambio, concéntrate en difundir positividad. Si un amigo publica sobre un día difícil, envíale un mensaje de ánimo. Hazle saber que estás ahí para él.

Apoyar a los amigos con mensajes positivos puede alegrarles el día. También hace que las redes sociales sean un mejor lugar para todos. Recuerda, una palabra amable puede ser muy útil. Demuestra que te importa y ayuda a construir una comunidad donde todos se sienten seguros y respetados.

5.2 ENAMORAMIENTOS Y PRIMEROS AMORES: COMPRENDER LOS SENTIMIENTOS ROMÁNTICOS

¿Recuerdas la primera vez que sentiste mariposas en el estómago cuando alguien especial entró en la habitación? Es una sensación única. Los crushes o enamoramientos y los primeros amores suelen comenzar con una simple mirada o una sonrisa que acelera el corazón. Durante la pubertad, comienzan a desarrollarse sentimientos románticos, que traen consigo una mezcla de emoción y curiosidad. Quizás te encuentres fantaseando con esa persona, imaginando cómo sería pasar más tiempo juntos. Estos sentimientos pueden ser intensos. Incluso pueden parecer un poco abrumadores a veces. Es perfectamente normal. El enamoramiento es una emoción poderosa que puede hacer que todo lo demás pase a un segundo plano.

Es importante manejar estos sentimientos con responsabilidad. Reconocer límites es clave. Cada persona tiene su propio nivel de comodidad, y es importante respetarlo. Esto significa tomar las cosas con calma y asegurarse de que ambos se sientan cómodos con el desarrollo de la relación. También es importante recordar sus amistades. Cuando estás atrapado en la emoción de un nuevo amor, es fácil perder de vista tus otras relaciones. Es importante equilibrar el tiempo entre tus amigas y un nuevo amor. Tus amigos están ahí para ti y quieren compartir tu felicidad. Asegúrate de incluirlos en tu vida, incluso cuando estés inmersa en el romance.

Hay muchos conceptos erróneos sobre el romance, especialmente por lo que vemos en películas y televisión. Hollywood suele mostrar las relaciones como perfectas y fáciles. Pero las relaciones de la vida real requieren esfuerzo y comprensión. No siempre son como los cuentos de hadas que vemos en la pantalla. Es importante tener expectativas realistas. Los enamoramientos pueden ser temporales. Los sentimientos pueden desvanecerse, y eso está bien. Todo forma parte de descubrir qué te gusta y con quién conectas. Experimentar diferentes sentimientos te ayuda a saber más sobre lo que quieres en una relación. Es un proceso que te ayuda a crecer.

Aquí está la historia de mi primer crush o enamoramiento. Todo sucedió muy rápido. Fui dama de honor en la boda de mi tía. Se llamaba Travis. Vivía en la costa este y yo en la costa oeste. Él y su familia vinieron a la boda y nunca nos habíamos conocido. Fue solo que un día, caminamos juntos hacia el altar, cenamos juntos con el cortejo nupcial y bailamos toda la noche. Se sentía como amor verdadero. Luego, la noche terminó. Nunca lo volví a ver ni tuve forma de conectar con él, ya que no existían las redes sociales en ese entonces. Fue un torbellino de emociones para una niña de casi 10 años.

Hablar de tus sentimientos puede ser increíblemente útil. Es bueno compartir lo que estás pasando con alguien de confianza. Los padres y tutores pueden ofrecerte sabiduría y apoyo. Ya han pasado por eso y pueden guiarte. Los hermanos mayores o mentores también pueden ser excelentes fuentes de consejo. Pueden compartir sus experiencias y ayudarte a comprender tus propios sentimientos. Abrirse puede dar un poco de miedo al principio, pero puede brindar alivio. Saber que otros entienden por lo que estás pasando facilita la navegación por los altibajos del romance. Compartir tus sentimientos no significa que tengas que tener todas las respuestas. Se trata de tener a alguien que te escuche y te apoye.

Los enamoramientos y los primeros amores son parte del crecimiento. Están llenos de momentos maravillosos y experiencias de aprendizaje. Acepta estos sentimientos. Te ayudan a comprenderte mejor y a conectar con los demás. Es un viaje de descubrimiento que moldea quién eres y en quién quieres convertirte.

5.3 MANEJO DEL ACOSO Y LAS BURLAS: DEFIÉNDETE

Imagina que caminas por el pasillo de la escuela y alguien hace un comentario cruel sobre tu nuevo corte de pelo. Te duele. Quizás te preguntes por qué la gente puede ser tan hiriente. El acoso y las burlas pueden resultar abrumadores, pero comprender qué son puede ayudarte a lidiar con ellos. El acoso ocurre cuando alguien usa su poder para herir o controlar a otra persona. Puede ser verbal, como insultos, puede ser físico, como empujones, o incluso ciberacoso, que ocurre en línea. Las burlas pueden comenzar como un juego, pero pueden convertirse rápidamente en acoso si se vuelven crueles o implacables. Afecta cómo te sientes contigo misma y tu seguridad. Conocer la diferencia te ayuda a saber cómo responder y buscar ayuda.

Enfrentar el acoso no es fácil, pero hay maneras de defenderte. La comunicación asertiva es una técnica. Significa hablar con claridad y confianza. Si alguien se burla de ti, puedes decir: "No me gusta eso. Por favor, deja de hacerlo". Esto le hace saber al acosador que no vas a aceptar su comportamiento. Recuerda, ser asertiva es diferente a ser agresiva. Se trata de mantenerte firme sin ser cruel con el otro. Si la situación no mejora, es importante buscar ayuda. Habla con un maestro o un consejero escolar. Están ahí para apoyarte y pueden ayudarte a detener el acoso. A veces, puede parecer que deberías manejarlo sola, pero pedir ayuda también demuestra fortaleza.

Construir una red de apoyo es importante. Rodéate de amigos que se preocupen por ti. Pueden apoyarte y ofrecerte consuelo cuando las cosas se pongan difíciles. Juntos, pueden crear un espacio donde todos se sientan seguros y respetados. Participar en actividades grupales, como clubes o deportes, también puede ayudar. Estos grupos ofrecen protección y camaradería, lo que dificulta que los acosadores te ataquen. Tener un círculo de amigos significa que nunca estás solo. Pueden caminar contigo por los pasillos o almorzar contigo, creando un sentido de pertenencia y protección. Es empoderador saber que otros te respaldan y, a su vez, tú también los respaldas a ellos.

El autoempoderamiento y la resiliencia son como escudos contra el acoso. Te ayudan a desarrollar confianza y fortaleza. Desarrollar una fuerte autoestima es clave. Recuerda tus fortalezas y lo que te hace único. Practicar afirmaciones positivas puede ayudar. Empieza cada día mirándote al espejo y diciéndote algo amable, como: "Soy fuerte y digna". Estas palabras te ayudan a creer en ti misma. Cuando conoces tu valor, es más fácil ignorar los comentarios hirientes. Te vuelves más resiliente y capaz de recuperarte de los desafíos con gracia y valentía. El acoso y las burlas pueden dejar cicatrices, pero no tienen por qué definirte. Al aprender a defenderte, buscar apoyo y desarrollar confianza, podrás superar estos desafíos. Recuerda que no estás solo. Hay personas que se preocupan por ti y quieren ayudarte. Tienes el poder de superar el acoso y fortalecerte. Sigue buscando apoyo, encontrando aliados y creyendo en ti misma. Tu voz importa y mereces ser escuchada y respetada.

5.4 COMUNICACIÓN CON PADRES Y TUTORES

Imagínate: has tenido un largo día en la escuela, lleno de nuevas experiencias y grandes sentimientos. Llegas a casa y tu padre, madre o tutor te pregunta qué tal te fue. Es tentador decir simplemente "Bien" e irte a tu habitación. Pero hay mucho más allá. Hablar con tus padres o tutores puede ser como abrir una ventana. Deja entrar el aire fresco y te ayuda a ver las cosas con más claridad. La comunicación abierta es clave durante la pubertad. Ayuda a generar confianza y comprensión. Compartir tus experiencias y sentimientos puede acercarte más y hacer que los cambios de la vida sean más fáciles de manejar.

Encontrar el momento y el entorno adecuados para estas conversaciones marca la diferencia. Busca un momento en el que todos estén relajados, como durante una comida familiar o una tarde tranquila en casa. Esto prepara el terreno para una conversación significativa. Usar frases en primera persona puede ayudarte a expresar tus sentimientos sin que parezca que estás culpando a nadie. Por ejemplo, di: "Hoy me sentí algo abrumada en la escuela" en lugar de: "Nunca entiendes mis problemas escolares". Este enfoque se centra en tus sentimientos e invita a tus padres a escucharte y apoyarte. No siempre es fácil, pero estos pequeños cambios en tu forma de hablar pueden hacer que la conversación sea más fluida.

A veces parece que hay un muro entre tú y tus padres. Los malentendidos ocurren. Tal vez no entiendan bien por lo que estás pasando o tengan sus propias ideas sobre cómo deberían ser las cosas. Encontrar puntos en común es importante. Escucha su perspectiva y comparte la tuya también. Llegar a un acuerdo puede ser una herramienta poderosa. Es como llegar a un punto medio. Por ejemplo, si quieres más independencia, sugiere una manera de ganarte su confianza, como hacer las tareas del hogar o mejorar tus calificaciones. Esto demuestra que estás dispuesta a trabajar junto a ellos y a respetar sus preocupaciones.

La comunicación es una vía de doble sentido, y construir un puente requiere esfuerzo por ambas partes.

Que tus padres participen durante la pubertad puede ser reconfortante. Han pasado por cambios similares y pueden ofrecerte orientación basada en sus experiencias. No dudes en pedir consejo sobre asuntos personales, ya sea sobre amistades, estudios o sentimientos. Involucrarlos en la toma de decisiones también puede ser útil. Digamos que estás decidiendo si unirte a un nuevo club o hacer una prueba para un equipo. Hablar con ellos sobre los pros y los contras puede aportar información valiosa. Podrían ofrecerte un apoyo que no habías considerado. Saber que tienes a alguien de tu lado puede aumentar tu confianza y ayudarte a tomar decisiones más informadas.

Crecer trae consigo un torbellino de cambios. No tienes que afrontarlos sola. Tus padres o tutores están ahí para ayudarte a sortear los altibajos. Quieren lo mejor para ti. Incluso cuando parezca que son sobreprotectores, suele ser porque se preocupan profundamente. Pueden prever el futuro gracias a sus propias decisiones o experiencias a tu edad y quieren ayudarte a gestionar tus decisiones y sentimientos. Al mantener abiertas las vías de comunicación, creas un espacio para la honestidad y la comprensión. Es un espacio seguro donde puedes compartir tus triunfos y desafíos sin temor a ser juzgada. Con el tiempo, estas conversaciones fortalecen tu relación. Construyen una base sólida de confianza y apoyo en la que puedes confiar.

5.5 ENCONTRANDO TU VOZ: HABLAR Y SER ESCUCHADA

Encontrar tu voz es como descubrir un tesoro escondido en tu interior. Se trata de reconocer el poder de tus pensamientos y la importancia de compartirlos con los demás. Hablar en clase o en grupo puede ser estresante, pero es una habilidad que vale la pena practicar. Imagina levantar la mano en clase y compartir una idea que te ha estado dando vueltas en la cabeza. Es un momento de valentía y demuestra que valoras tus propias opiniones. Tu voz importa, y expresar tus pensamientos puede inspirar a otros. Cuando hablas con confianza, les indicas a los demás que crees en lo que dices y los animas a escuchar.

Para expresarte con claridad y respeto, puedes usar la comunicación asertiva. Esto significa ser honesta y respetar los sentimientos de los demás. La escucha activa es fundamental. Significa prestar mucha atención cuando los demás hablan, asentir o responder rápidamente, como "Ya veo", para demostrar que estás atenta a lo que dicen. Cuando sea tu turno de hablar, usa un lenguaje corporal asertivo. Ponte de pie o siéntate con la espalda recta, mira a la gente a los ojos y habla con voz firme. Estos pequeños gestos transmiten confianza y garantizan que tu mensaje sea escuchado. Practicar estas habilidades con regularidad puede hacer que con el tiempo hablar se sienta más natural.

El miedo a ser juzgado o rechazado es habitual, pero no tiene por qué frenarte. La confianza en uno mismo requiere práctica. Empieza por decir lo que piensas en pequeñas cosas, como responder a una pregunta en clase o compartir una idea con un amigo. Cada vez que lo hagas, te resultará más fácil. La visualización positiva también puede ayudar. Antes de hablar, cierra los ojos e imagínate expresando tus pensamientos con claridad y siendo escuchada. Imagina la calma y la confianza que sientes en ese momento. La visualización ayuda a preparar la mente para el éxito y reduce la ansiedad. Recuerda que todo el mundo se pone nervioso a veces, y no pasa nada. Forma parte del crecimiento y el aprendizaje.

La defensa y el liderazgo son formas poderosas de hacer oír tu voz. Puedes defender aquello en lo que crees y marcar la diferencia. Considera la posibilidad de unirte a consejos o clubes de estudiantes. Estos grupos ofrecen plataformas para defenderte a ti y a los demás. Tú aprendes a trabajar con otras personas y a exponer tus ideas de forma que inspiren la acción. Participar en actos de oratoria, como debates o presentaciones, también puede aumentar tu confianza. Te dan la oportunidad de practicar la oratoria, lo que te ayuda a sentirte más cómoda con tu voz. El liderazgo no consiste sólo en mandar. Se trata de guiar a los demás y tener un impacto positivo.

Encontrar tu voz es un viaje de autodescubrimiento. Se trata de entender lo que te importa y compartirlo con el mundo. Alzar la voz te permite conectar con los demás, provocar cambios y crecer como persona. Puedes influir en tu entorno e inspirar a los que te rodean. Mientras sigues explorando este capítulo, recuerda que tu voz es una herramienta. Está ahí para expresar tus ideas brillantes y compartir tu perspectiva única. Acógela, cuídala y observa cómo te abre las puertas a nuevas posibilidades y conexiones.

6

CELEBRAR LA DIVERSIDAD Y LA CULTURA

Imagínate sentada en una sala llena de gente de todo el mundo. Cada persona lleva un atuendo único y comparte historias de su cultura. Tú oyes idiomas diferentes, pruebas comidas nuevas, y ves bailes que nunca habías visto. Esto es lo que hace que nuestro mundo sea tan especial. Cada cultura tiene su propia manera de celebrar los grandes momentos de la vida, como la pubertad y la menstruación. Estas tradiciones ofrecen una visión de cómo viven los mismos cambios personas diferentes. Exploremos algunos de estos asombrosos ritos y lo que significan.

A pesar de la diversidad de formas en que las culturas celebran la pubertad y las primeras menstruaciones, hay experiencias universales que todos compartimos. Los cambios hormonales y los brotes de crecimiento forman parte del crecimiento, estés donde estés. Estos cambios pueden resultar incómodos y emocionantes a la vez. Las emociones pueden rebotar como una pelota de ping-pong, pero no pasa nada. Es normal que te conviertas en quién eres. En todas las culturas, estos cambios marcan nuevos comienzos. Señalan una época de aprendizaje y crecimiento, en la que empiezas a entenderte mejor a ti misma. Tú empiezas a ver el mundo con otros ojos.

La menstruación también es una experiencia universal, aunque las culturas la ven y la manejan de forma diferente. En algunas comunidades africanas, las niñas pueden pasar tiempo en cabañas menstruales. Estas cabañas ofrecen un espacio para el descanso y la reflexión durante la menstruación. Aunque pueda parecer inusual, es una tradición que tiene un significado cultural. En Japón, la primera menstruación suele recibirse con un reconocimiento silencioso. Algunas familias lo celebran con una comida especial o un pequeño regalo, marcando la ocasión con respeto y comprensión. Estas costumbres demuestran que la menstruación es una parte natural e importante de la vida, digna de reconocimiento y cuidado.

La primera menstruación, o menarquia, es un hito importante en muchas culturas, y a menudo simboliza la transición de una niña a la edad adulta. He aquí un resumen de cómo las distintas culturas han reconocido históricamente este acontecimiento y los rituales o tradiciones que lo rodean:

6.1 TRADICIONES CULTURALES EN EL MUNDO

1. **India**:
   - **Tradiciones hindúes**: En el sur de la India, especialmente entre las comunidades tamil y telugu, la menarquia se celebra con una gran ceremonia llamada *Ritu Kala Samskara* o *Sadangu*. Se trata a la niña como a una novia por un día, se le da ropa nueva y se la adorna con joyas. Se trata de una celebración comunitaria que simboliza la fertilidad y la feminidad.
   - En algunas comunidades tribales, los rituales incluyen el aislamiento de la niña durante su primera menstruación para simbolizar su transición.

2. **Japón**:
   - o En el Japón histórico, no había grandes celebraciones, pero las familias podían celebrar este hito con discreción. Tradicionalmente, a las niñas se les daba un trozo de tela roja como gesto simbólico que representaba la menstruación.

3. **Culturas Nativas Americanas:**
   - o Muchas tribus nativas americanas tienen ceremonias conmemorativas para la primera menstruación de una niña. La tribu apache, por ejemplo, celebra la *Ceremonia del Amanecer*, un evento de cuatro días que celebra la transformación de la niña en mujer con danzas, oraciones y bendiciones.

4. **Tradiciones Judías:**
   - o En las comunidades judías ortodoxas, la menarquia marca el inicio de la enseñanza sobre la *nidá*, las leyes de pureza familiar. Si bien no existe un ritual para celebrar la menarquia en sí, significa que se está dispuesto a profundizar en las observancias religiosas. En la tradición judía, el Bat Mitzvá marca un momento especial para las niñas. A los 12 años, una niña celebra su Bat Mitzvá, que significa "hija del mandamiento". Esta ceremonia simboliza su compromiso con su fe y sus responsabilidades dentro de la comunidad judía. Es una gran celebración. Amigos y familiares se reúnen para celebrar este importante hito.

     La niña suele leer la Torá, demostrando que ha aprendido sobre su religión y está lista para asumir nuevos roles. Es un momento de orgullo y alegría, celebrado con música, baile y deliciosa comida.

5. **Latinoamérica**:
   - o En muchas culturas latinoamericanas, la primera menstruación de una niña puede coincidir con su *quinceañera* (fiesta de celebración de 15 años), un rito de paso más grande que reconoce su madurez. La menarquia también puede conmemorarse con pequeñas

celebraciones familiares o regalos. En la cultura hispana, celebrar los 15 años de una niña marca su transición a la edad adulta. Suele comenzar con una ceremonia religiosa, seguida de una gran fiesta. La niña luce un hermoso vestido, a menudo en colores pastel, y su familia y amigos se unen a los festejos. Un baile especial con su padre y un brindis marcan la ocasión. La quinceañera no es solo una fiesta. Es un evento significativo que honra a la familia, la tradición y el camino hacia la edad adulta. Es una oportunidad para que la comunidad se reúna y muestre apoyo a la joven.

6. **Tradiciones Africanas**:
   - En algunas tribus africanas, la menarquia se celebra con elaborados ritos de paso. Por ejemplo, en la tribu Bemba de Zambia, la ceremonia *Chisungu* consiste en enseñar a la niña sobre la feminidad, el matrimonio y las expectativas sociales.

7. **Culturas Occidentales:**
   - Históricamente, en las culturas occidentales, la menarquia solía ser un asunto familiar privado con poca celebración. Sin embargo, en los últimos años, algunas familias han optado por dar regalos u organizar pequeñas reuniones para que la experiencia sea positiva y empoderadora para las jóvenes.

8. **Culturas Islámicas:**
   - Cuando una niña comienza a menstruar se convierte en *mukallaf*, lo que significa que ahora es responsable de cumplir con la tradición islámica. La menarquia se considera un momento significativo porque marca el ingreso de la niña a una etapa de mayor responsabilidad religiosa. Si bien no existe un ritual específico vinculado a la menarquia en las enseñanzas islámicas, sus implicaciones están profundamente arraigadas en la práctica religiosa y las variaciones culturales:

- Deberes religiosos como las oraciones diarias (*salah*), el ayuno durante el Ramadán y la observancia de las leyes islámicas de modestia (*hiyab*, si corresponde).
- Las mujeres que menstrúan están exentas del ayuno y las oraciones durante sus períodos y se les anima a participar en otros actos de culto, como la *dua* (súplica) o la lectura de literatura islámica.
- En muchas comunidades islámicas, las familias celebran este hito en privado, a veces dándole regalos a la niña u organizando una pequeña reunión para celebrar su transición a la edad adulta
- Frecuentemente se hace hincapié en la enseñanza sobre la limpieza (*taharah*) y la higiene menstrual, ya que es una parte crucial de la práctica islámica.

9. **Culturas de las islas del pacífico:**
   - En muchas culturas polinesias, la primera menstruación de una niña se considera un motivo de celebración. Por ejemplo, en Samoa, este evento puede incluir una reunión familiar para honrar la transición de la niña a la edad adulta.

6.2 TEMAS TRANSCULTURALES

A pesar de las diferencias, los temas comunes al reconocer la menarquia incluyen:

- **Educación**: Enseñar a la niña sobre su cuerpo y sus responsabilidades.
- **Celebración**: Reconocer su transición a la edad adulta, a menudo con regalos o ceremonias.
- **Apoyo Comunitario**: Brindar refuerzo emocional y cultural a su nueva identidad.

Aprender sobre estas prácticas culturales puede ampliar nuestra comprensión y apreciación del mundo. Probar recetas tradicionales de diferentes culturas puede ser una forma divertida de experimentar sus sabores y costumbres. Podrías encontrar un nuevo plato favorito o aprender sobre los ingredientes con significado cultural. De igual modo, aprender saludos o frases en otros idiomas puede abrir las puertas a nuevas amistades y conexiones. Demuestra respeto e interés por otras culturas, fomentando un ambiente de inclusión y comprensión. Aceptar la diversidad enriquece nuestras vidas y nos ayuda a ver la belleza de nuestras diferencias.

Actividad interactiva: Exploración cultural

- Elige un país o cultura que te interese.
- Investiga un plato tradicional de esa cultura e intenta prepararlo en casa.
- Aprende algunos saludos o frases sencillas en el idioma que se habla allí.
- Comparte tu experiencia con amigos o familiares y conversa sobre lo aprendido.

Celebrar la diversidad significa reconocer las experiencias compartidas que nos unen, a la vez que honramos las tradiciones únicas que hacen especial a cada cultura. Al explorar estas prácticas, obtenemos una apreciación más profunda de la rica diversidad de la humanidad.

6.3 ABRAZANDO LA DIVERSIDAD: HISTORIAS DE CHICAS COMO TÚ

Visualiza a Priya, una niña india que asiste a una escuela multicultural. Se sienta en clase rodeada de amigas de todo el mundo. Cada día a la hora del almuerzo, comparten diferentes comidas e historias. Priya ama estos momentos, pero también siente el peso de equilibrar sus tradiciones culturales con el mundo moderno en el que se desenvuelve a diario. En casa, su familia habla hindi, celebra Diwali con luces brillantes y dulces, y viste ropa tradicional. En la escuela, Priya cambia al inglés, se une a equipos deportivos y viste jeans y camisetas. A veces se siente dividida entre dos mundos, insegura de dónde encaja. La historia de Priya trata sobre encontrar la armonía entre su rica herencia y las nuevas experiencias que la moldean. Aprende a combinar ambas, como una hermosa danza, encontrando fuerza en su identidad única.

Luego está Elara, una niña nativa americana que vive en una reserva. Se siente profundamente conectada con su comunidad y su familia. Cada verano, su familia se reúne para un powwow, una celebración de danza, música y tradición. Elara siente un fuerte sentido de pertenencia. Escucha las historias de sus mayores y aprende sobre la historia y los valores de su tribu. Pero cuando deja la reserva para ir a la escuela, Elara enfrenta desafíos. Se encuentra con personas que no comprenden su cultura. Algunos días, siente que lleva el peso de sus antepasados sobre sus hombros. Sin embargo, Elara encuentra fuerza en sus raíces. Las historias de su familia la empoderan para educar a otros sobre su cultura, derribando barreras y construyendo puentes de entendimiento.

Estas niñas enfrentan desafíos únicos. Equilibrar las tradiciones culturales con las expectativas modernas no es fácil. Priya se preocupa por integrarse y, al mismo tiempo, honrar las costumbres de su familia. Elara se esfuerza por compartir su cultura sin perderse en un mundo que no siempre la comprende. Ambas niñas demuestran resiliencia, superando obstáculos con determinación. Aprenden a mantenerse firmes y a aceptar sus orígenes, convirtiendo los desafíos en triunfos. El éxito de Priya al conectar dos culturas inspira a sus compañeras. Crea un club cultural en la escuela, donde los estudiantes celebran su herencia a través de la comida, las historias y el arte. Los esfuerzos de Elara por educar a otros dan lugar a un programa de intercambio cultural, donde los estudiantes visitan su reserva para aprender de primera mano sobre su tribu.

El idioma también puede ser un gran obstáculo. Priya recuerda su primer día de clases, con dificultades para encontrar palabras en inglés. Se sentía avergonzada, pero la paciencia y la amabilidad de sus compañeros la ayudaron a aprender. Ahora, Priya habla con fluidez y cambia de idioma con total confianza. Incluso les enseña a sus amigos algunas frases en hindi, lo que fomenta una conexión más profunda. Elara, mientras tanto, trabaja para preservar su lengua materna. Participa en clases de idiomas, asegurando que las palabras de sus antepasados sigan vivas. Estos logros son significativos. Demuestran cómo superar las barreras lingüísticas puede abrir las puertas a nuevas amistades y oportunidades.

Compartir historias es poderoso. Tienen la capacidad de conectarnos y generar empatía. Imaginen un aula llena de estudiantes, cada uno turnándose para compartir sus historias. Escuchas sobre la doble vida de Priya y el orgullo cultural de Elara. Estas historias crean un entramado de experiencias, entrelazando lecciones de resiliencia y esperanza. Nos recuerdan que, a pesar de nuestras diferencias, compartimos luchas y sueños comunes. Las sugerencias de escritura pueden ayudarte a reflexionar sobre tus propias historias. Piensa en lo que te hace único, los desafíos que has enfrentado y las victorias que has alcanzado. Escribe tus pensamientos en un diario o compártelos con tus amigos. Pidan ayuda a sus padres y abuelos para comprender su propia cultura familiar y cómo pueden preservar sus raíces y tradiciones familiares. Como mujeres y madres, algún día las transmitirán a sus hijos para que su cultura y tradiciones familiares permanezcan vivas y se transmitan a las próximas generaciones. Estas reflexiones pueden ayudarles a ver la belleza de su camino.

Crear un evento de narración de historias en tu aula o comunidad puede ser una manera maravillosa de compartir y conectar. Invita a tus compañeros a traer una historia, una canción o un objeto de su cultura. Al escucharse mutuamente, descubrirán nuevas perspectivas y fortalecerán su sentido de comunidad. Quizás descubran que la historia de otra persona refleja la suya o les enseña algo nuevo. Estos eventos fomentan el diálogo y promueven un espíritu de inclusión, donde la voz de todos se escucha y se valora.

La empatía y la conexión surgen al conectar con las experiencias de los demás. Cuando escuchen la historia de Priya, quizá se vean reflejados en ella. Quizás ustedes también se hayan sentido fuera de lugar. O quizás la experiencia de Elara te resuena, recordándote tu propio orgullo cultural. Hablar de estas similitudes ayuda a construir puentes entre corazones. Las actividades grupales, como ferias culturales o intercambios de amigos por correspondencia, pueden profundizar estas conexiones. Ofrecen la oportunidad de aprender y crecer juntos, celebrando tanto nuestra humanidad compartida como los colores únicos que cada uno de nosotros aporta al mundo.

6.4 IMAGEN CORPORAL Y REDES: VER MÁS ALLÁ DE LAS PANTALLAS

Piensa en la última vez que navegaste por las redes sociales. Probablemente viste fotos que parecían perfectas. Tal vez había alguien con una piel impecable u otra persona con una ropa increíble. Quizás te hizo sentir la necesidad de reflejar esa imagen de perfección. Pero aquí hay un secreto: mucho de lo que ves en línea no es la imagen completa. Las redes sociales a menudo usan filtros y herramientas de edición para crear imágenes que no son reales. Estas herramientas pueden suavizar la piel, cambiar las formas del cuerpo y añadir efectos que no existen en la vida real. Crean una ilusión que puede hacernos sentir que debemos lucir de cierta manera para ser aceptados. Lo cierto es que estas imágenes a menudo son muy distantes de la realidad. Comprender esto puede ayudarte a ver más allá de las pantallas.

Las películas y los programas de televisión también influyen en nuestra percepción de la belleza. A menudo presentan a personas que se ajustan a un estándar estrecho de lo que se considera atractivo. Esto puede llevarnos a creer que solo ciertos tipos de cuerpo y apariencias son bellos. Pero la belleza es diversa y se presenta de muchas maneras. Reconocer esta diversidad nos ayuda a apreciar las cualidades únicas de nosotros mismos y de los demás. Es importante recordar que lo que vemos en pantalla suele ser un guion y no refleja la vida real. Cada persona tiene su propia belleza, y no se limita a lo que vemos en las redes.

Cuando veas estas imágenes, tómate un momento para compararlas con la vida real. Piensa en las personas que te rodean: tu familia, amigos y compañeros de clase. Observa las diferencias y la diversidad en sus apariencias. Crear un collage de belleza diversa puede ser una forma divertida de celebrar esto. Recorta imágenes de revistas o imprímelas de fuentes en línea. Incluye imágenes de personas de diferentes edades, tallas y orígenes. Este collage puede servirte como recordatorio de que la belleza no es universal. Es una herramienta poderosa para ayudarte a rechazar los estándares de belleza dañinos y abrazar tu propia belleza única.

Ser experto en redes significa cuestionar lo que vemos y oímos. Empieza por identificar los sesgos en la publicidad y el marketing. Los anuncios suelen mostrar la mejor versión posible de un producto o un estilo de vida idealizado. Pueden hacernos sentir que necesitamos comprar algo para ser felices o aceptados. Pero recuerda, los anuncios están diseñados para vender, no para decir toda la verdad. Hablar del poder de los influencers y las celebridades también puede ser revelador. Muchos influencers usan sus plataformas para promocionar productos y estilos de vida. Es importante recordar que les pagan por hacerlo. No todo lo que muestran es genuino. Al reconocer estas tácticas, puedes ser más crítica con las redes que consumes y tomar decisiones que se alineen con tus valores.

Celebrar tu individualidad se trata de aceptar lo que te hace único. Practicar afirmaciones diarias puede ayudar a construir una autoimagen positiva. Comienza cada día diciéndote algo amable, como "Soy única y valiosa" o "Mis diferencias me hacen hermosa". Estas afirmaciones pueden ayudarte a cambiar tu enfoque de intentar encajar en un cierto molde mundano establecido por los anunciantes para vender sus productos o programas y, en cambio, apreciar quién eres. Participar en actividades que celebren la diversidad de la belleza es otra forma de empoderarte. Considera participar en proyectos de arte que resalten esta diversidad. Podrías crear un mural con amigos que muestre diferentes culturas y experiencias. O bien, organiza un proyecto fotográfico que celebre la belleza natural en tu comunidad. Estas actividades pueden ayudarte a ver la belleza en la diversidad y animar a otros a hacer lo mismo. No siempre es fácil mirar más allá de las imágenes que vemos cada día. Pero al cuestionar lo que vemos celebrando la realidad de esas imágenes, "¿Son reales? ¿Me estoy creyendo una mentira de los anunciantes o de una revista o página web que vende productos?". Celebrando nuestra singularidad, podemos empezar a cambiar nuestra forma de ver la belleza. Acepta la diversidad y recuerda que la belleza de cada persona es especial a su manera. Una persona muy linda o guapa físicamente puede ser muy fea debido a su egocentrismo, al igual que una persona corriente puede ser tan bella porque ama y se preocupa por los demás, y ésa es una belleza que no se puede fingir. La apariencia externa es sólo superficial; mira en el corazón y comprueba si es auténtica.

6.5 CELEBRAR LAS DIFERENCIAS: CADA CUERPO ES ÚNICO

Imagina que estás en una habitación llena de personas, cada una diferente en tamaño, forma y color. Algunos son altos, otros bajos. Otras pueden tener el pelo rizado, pecas u hoyuelos. Cada persona es como una obra de arte, única y bella a su manera. Estas diferencias hacen que nuestro mundo sea vibrante e interesante. Es importante aceptar lo que nos hace diferentes. Tu altura, tu peso y tus rasgos forman parte de lo que tú eres. Cuentan tu historia. En vez de querer cambiarlos, celébralos. Son parte de lo que te hace ser tú. Cuando te mires al espejo, intenta ver la belleza en tu propio reflejo. Fíjate en las pequeñas cosas que te hacen destacar y recuerda que son tu firma, tu marca única en el mundo.

Pero la belleza no es sólo lo que vemos. También está en lo que hacemos y en cómo nos sentimos. Tus habilidades y talentos son tan importantes como tu aspecto. Quizá se te dé bien cantar o se te dé bien resolver problemas matemáticos. Tú tienes un don especial para hacer reír a la gente. Estas habilidades y cualidades forman parte de lo que te hace especial. Te definen de formas que van más allá de la apariencia. Concéntrate en estos puntos fuertes. Tienen el poder de reforzar tu confianza en ti misma y hacerte sentir orgullosa de quién eres. Reconocer en qué eres buena puede abrirte las puertas a nuevas oportunidades y amistades. Puedes conectar con otras personas que comparten tus intereses y pasiones.

Muchas personas se enfrentan a problemas de imagen corporal, especialmente las mujeres y las niñas. Es fácil caer en la trampa de la autoafirmación negativa, diciéndote a ti misma que no eres lo bastante buena. Puedes luchar contra estos pensamientos. Empieza con afirmaciones positivas. Todas las mañanas, ponte delante del espejo y di algo amable para ti misma. Puede que al principio te resulte extraño, pero con el tiempo estas palabras pueden cambiar la imagen que tienes de ti misma. Ayudan a sustituir la duda por la confianza. Participar en actividades positivas para el cuerpo también puede ayudar. Danza, pilates o yoga son buenas opciones. Puedes mover tu cuerpo para sentirte bien. Recuerdas tu fuerza y tu gracia. Estas actividades se centran en lo que tu cuerpo puede hacer, más que en su aspecto.

Imagina un mundo donde todos practiquen la aceptación y la amabilidad. Empieza con pequeños actos. Sé amable contigo misma. Trátate con el mismo cariño con el que tratarías a un amigo. Piensa en las cosas negativas que dices o piensas de ti; nunca se las dirías a alguien a la cara, y menos en voz alta. Sé amable contigo, agradécete. Tú has sido creada para ser tal y como eres, celebra que eres única. Cuando te hables a ti misma, utiliza palabras amables. Esta amabilidad también puede extenderse a los demás. Celebra las diferencias que ves a tu alrededor. Cuando te fijes en el estilo o el talento único de alguien, hazle un cumplido. Estos pequeños gestos crean un efecto dominó, difundiendo positividad y aceptación. Ayudan a construir una comunidad en la que todos se sienten valorados e incluidos. Los debates y proyectos en grupo son otra forma de celebrar las diferencias. Ofrecen la oportunidad de aprender unos de otros y compartir experiencias. Estas conversaciones pueden conducir a una mayor comprensión y empatía.

Piensa en la última vez que hiciste algo amable por alguien. Tú ayudaste a un amigo a hacer los deberes o le regalaste una sonrisa a un desconocido. Estos actos de bondad marcan una gran diferencia. Crean conexiones y elevan a los demás. Nos recuerdan que todos estamos juntos en esto. Tú contribuyes a un mundo más inclusivo y amoroso practicando la aceptación y la amabilidad. Tú ayudas a crear un espacio en el que todos se sientan libres de ser ellos mismos, sin miedo a ser juzgados. Esta cultura de la aceptación empieza contigo. Crece cada vez que eliges ver la belleza en ti misma y en los demás. Prospera cuando aceptas las diferencias y celebras las cualidades únicas que hacen especial a cada persona.

6.6 EL PODER DE LAS PALABRAS Y LAS EMOCIONES

Imagina esto: estás en el patio del colegio, charlando con tus amigos. El sol calienta la cara y las risas llenan el ambiente. Entonces, alguien hace un comentario. Son sólo unas palabras, pero duelen. Puede que fuera una broma, o puede que no. Sin embargo, esas palabras perduran y afectan a cómo te sientes el resto del día. Ese es el poder de las palabras. Pueden animarte, pero también pueden desanimarte. Es importante ser cuidadoso con tus palabras. Piensa en ellas como pequeñas semillas. Una vez dichas, pueden crecer y convertirse en algo hermoso o en algo doloroso. No dejes que las palabras hirientes de los demás echen raíces; busca encontrar algo bueno; si las palabras tienen algo de verdad y es algo que puedes cambiar para mejor, úsalo para crecer para mejor; si no, no dejes que se te quede. Elegir palabras amables y de apoyo puede marcar una gran diferencia. Las palabras positivas pueden alegrarle el día a alguien, tal como un rayo de sol.

Ahora, piensa en las palabras que te dices a ti misma. Todos tenemos una voz interior, como un amigo que siempre está con nosotros. A veces, esa voz puede ser amable, diciendo cosas como: "Hiciste un gran trabajo" o "Eres increíble tal como eres". Otras veces, puede que no sea tan agradable decir cosas como: "Nunca lo harás bien" o "¿Por qué no puedes ser como ellos?". Es fácil ser duro con nosotros mismos, pero es igual de importante ser alentador. Trátate como lo harías con tu mejor amigo. ¿Le dirías que no es lo suficientemente bueno? Probablemente no. Entonces, ¿por qué decírtelo a ti? Ser amable contigo misma puede aumentar tu confianza y ayudarte a sentirte más positivo.

Ser amable con los demás es igual de importante. Piensa en cómo se siente cuando alguien es amable contigo. Tal vez te ayuden con la tarea o digan algo bueno sobre tu nuevo atuendo. Se siente bien, ¿verdad? Esa es la magia de la amabilidad. Es como una suave onda que se extiende, tocando a todos los que conoce. Tratar a los demás como te gustaría que te trataran es la simple regla de oro que puede tener un gran impacto. Se trata de empatía. Se trata de comprender que todos tenemos nuestras dificultades, incluso si no lo demostramos. Una palabra amable o un pequeño gesto pueden hacer que alguien se sienta visto y valorado. Imagina un mundo donde las palabras se usan para animar, no para herir. Empieza contigo. Tienes el poder de elegir tus palabras y usarlas sabiamente. Se trata de ser consciente de lo que dices y cómo podría afectar a los demás. Antes de hablar, tómate un momento para pensar. Pregúntate si lo que vas a decir es cierto, útil y amable. Si no lo es, considera buscar una mejor manera de expresarte. Esto no significa que no puedas ser honesto. Significa ser honesto pero con cuidado y respeto.

Recuerda que la honestidad es mejor si ayuda a alguien, no para destruirlo. Todos nos hablamos demasiado de forma destructiva. Sé el amigo positivo, dales buenos comentarios, sé el amigo que necesitan.

Las emociones están estrechamente ligadas a las palabras que usamos. Pueden influir en nuestras interacciones e influir en cómo reaccionamos ante las situaciones. Cuando te sientes molesto o enojado, es fácil decir palabras que quizás no quieras decir. Pero tomarte un momento para detenerte puede ayudar. Respira profundo. Piensa en cómo te sientes y por qué. Esto puede ayudarte a responder con más consideración en lugar de reaccionar en un instante. Es una habilidad que requiere práctica, pero vale la pena. Puede ayudarte a comunicarte mejor y fortalecer tus relaciones. Es la mejor manera de ser una verdadera amiga y atraerás amigos confiables y amables. ¡Es una situación en la que todos ganan!

Piensa en tus palabras como herramientas. Pueden construir puentes o levantar muros. Pueden sanar o herir. Al elegir ser cuidadoso con tus palabras, creas un espacio donde la comprensión y la compasión pueden crecer. Aprendes a escuchar, no solo a los demás, sino a ti mismo. Te das cuenta de cómo tus palabras pueden afectar el mundo que te rodea. Esta conciencia es poderosa. Puede conducir a un entorno más positivo y amoroso donde todos se sientan respetados y valorados. Es esencial que aprendas estas lecciones y habilidades para que, cuando seas madre o mentora de la próxima generación, puedas liderar el camino hacia un mundo mejor que impulse a los demás y marque la diferencia para el bien de todos.

A medida que continúas tu camino, recuerda el poder de tus palabras. Úsalos para inspirar, conectar y difundir bondad. Tienes la capacidad de marcar la diferencia, palabra por palabra. Deja que tus palabras reflejen la bondad y la empatía que deseas ver en el mundo. Este capítulo concluye con una invitación a llevar adelante estas lecciones. Al explorar el siguiente capítulo, piensa en cómo puedes seguir usando tu voz para el bien. Deja que tus palabras sean un faro de luz que guíe a los demás y a ti misma hacia un mundo más brillante y amable en el futuro.

7

SUPERANDO RETOS

I magina estar sentada en clase y que el profesor te pida que hables delante de todos. El corazón se te acelera y se te ponen las mejillas rojas. Sientes que todas las miradas están sobre ti como si el foco fuera demasiado brillante. Este es un momento de vergüenza común que muchas personas enfrentan. La vergüenza puede sentirse como una ola que te invade, dejándote sin saber qué hacer. Nos pasa a todos; es especialmente estresante durante la pubertad, cuando se producen tantos cambios. Entender por qué nos sentimos avergonzados puede ayudarnos a manejarlo mejor. Puede ser un simple error, como tartamudear durante una presentación. O puede ser algo más personal, como darte cuenta de que tienes una mancha de mostaza en la ropa por el almuerzo desordenado de hoy. Estos momentos son parte de la vida. Nos ayudan a crecer y a aprender a reírnos de nosotros mismos.

Hablar en público suele encabezar la lista de situaciones embarazosas. Estar frente a una sala llena de compañeros puede resultar intimidante. Es como si todos estuvieran esperando a que cometas un error. Pero recuerda, no se trata de ser perfecta. Se trata de compartir tus ideas. Todos cometemos errores, incluso los adultos. Al hablar, concéntrate en tu mensaje. Imagina que estás hablando con una amiga. Respira hondo antes de empezar. Esto te ayudará a calmar los nervios y te dará un momento para ordenar tus ideas. También puedes preparar un guion mental. Piensa en lo que quieres decir y practícalo varias veces. Así, te sentirás más segura cuando sea tu turno de hablar.

Experimentar pérdidas o manchas menstruales también puede causar vergüenza. Estás sentada en clase y, de repente, te das cuenta de que tienes una mancha menstrual en los pantalones. Parece el fin del mundo, pero no lo es. Todas las mujeres hemos estado en la misma situación alguna vez. Llevar una muda de ropa extra en la mochila puede ayudarte a sentirte preparada. Si ocurre, ve al baño y ocúpate de ello. Si te toma desprevenida, no te preocupes, puedes pedir ir a la enfermería del colegio. Recuerda, estas cosas nos pasan a todas. Son parte de la vida. Mantener la calma y actuar te ayudará a manejar la situación con gracia.

Ejercicio: Crea tu kit de calma

- Elige algunos objetos pequeños que te ayuden a sentirte tranquila y segura.
- Puede ser tu bolígrafo favorito, una piedra lisa o un cuaderno pequeño para dibujar.
- Mentas fuertes, chocolate, chicles o caramelos ácidos.
- Spinners, plastilina, diario digital o pelota antiestrés.
- Guarda estos artículos en tu mochila para usarlos cuando te sientas avergonzada o estresada.

Prueba este truco informal para lidiar con la ansiedad: La Regla 333: Mira a tu alrededor para identificar 3 objetos y 3 sonidos, luego mueve 3 partes del cuerpo. Muchas personas descubren que esta estrategia les ayuda a concentrarse y a mantener la calma cuando la ansiedad les resulta abrumadora. Puedes hacerlo sin que nadie lo sepa y te ayudará a mantenerte concentrado. Encontrarle humor a los momentos incómodos puede hacerlos menos intimidantes. Imagina que tropiezas en el pasillo y dejas caer tus libros. En lugar de sentirte avergonzada, te ríes y dices: "¡Vaya, esa es una forma de entrar con fuerza!". Compartir estas anécdotas divertidas con amigos también puede ayudar. Convierte un momento incómodo en una risa compartida. El humor es una herramienta poderosa. Aligera el ambiente y nos recuerda que está bien ser imperfecto. Cuando eres amable contigo misma, es más fácil superar la vergüenza. La autocompasión significa tratarte como tratarías a un buen amigo. Si un amigo se tropieza, probablemente te reirías con él y lo ayudarías a levantarse. Haz lo mismo contigo misma, como hizo Arianna.

Arianna estaba sentada en su asiento, mordiendo la punta de su lápiz mientras intentaba resolver el siguiente problema de matemáticas. Una extraña y cálida sensación interrumpió su concentración. Al principio, la ignoró, pensando que podrían ser solo nervios. Pero a medida que pasaban los minutos, la sensación no desaparecía. Finalmente, la curiosidad la venció. Miró hacia abajo y se quedó paralizada— había una pequeña mancha roja en la silla.

Su corazón empezó a latir con fuerza. ¿Sería su primera menstruación? ¡Todavía no debía haber venido! Arianna no tenía material y no tenía ni idea de qué hacer. ¿Y si alguien la veía? La idea de que sus compañeros se rieran o la señalaran le revolvía el estómago.

Consideró quedarse callada y esperar que la mancha no empeorara, pero en el fondo sabía que necesitaba ayuda. Armándose de valor, Arianna levantó la mano.

"¿Sí, Arianna?", preguntó su maestra.

Arianna se inclinó hacia delante y susurró: "¿Puedo ir a la enfermería? Es... bastante urgente".

La profesora asintió con comprensión y le entregó un pase sin hacer preguntas. Arianna se ató rápidamente la chaqueta a la cintura y corrió a la enfermería, con las mejillas ardiendo todo el camino.

Al llegar, la enfermera la saludó con cariño. "Hola, Arianna. ¿Qué pasa?"

Arianna dudó un momento antes de soltar: "Creo que me ha venido la menstruación y no tengo nada".

La enfermera sonrió amablemente. "No hay problema. Nos pasa a todas". Le dio a Arianna una toalla sanitaria y le enseñó a usarla, luego le ofreció un par de pantalones cortos de deporte para que se cambiara. "Listo. Y no te preocupes, si alguna vez necesitas algo, siempre puedes venir aquí".

Arianna sintió una oleada de alivio. Se cambió y regresó a clase, mucho más tranquila. Nadie notó su ausencia, y el día continuó sin problemas. Para cuando llegó a casa, estaba orgullosa de sí misma por haber hablado y manejado su primera menstruación como una profesional.

Desarrollar resiliencia a través de estas experiencias es clave. Cada vez que enfrentas la vergüenza y te recuperas, te haces más fuerte. Reflexiona sobre experiencias pasadas. Piensa en una ocasión en la que te sentiste avergonzada. ¿Cómo la manejaste? ¿Qué aprendiste? Celebra las pequeñas victorias. Tal vez hablaste frente a la clase y no te desmayaste. Tal vez manejaste una mancha con calma y confianza. Estos momentos te demuestran que puedes manejar la vergüenza. Demuestran que eres resiliente y capaz. Superarlos genera confianza con el tiempo. Recuerda, todas experimentamos estos momentos. Son oportunidades para crecer y aprender. Acéptalos, ríete de ellos y sigue adelante.

7.1 GESTIONANDO LA MENSTRUACIÓN EN PÚBLICO: CONFIANZA EN CUALQUIER MOMENTO

Imagina que estás de compras con amigas o en un evento escolar y, de repente, te das cuenta de que te ha venido la menstruación. Puede parecer que te dará un pequeño ataque de pánico, pero no tiene por qué serlo. Estar preparada es clave para controlar la menstruación con seguridad cuando estás fuera de casa. Empieza por preparar un kit discreto para la menstruación. Puede ser una pequeña bolsa con toallas sanitarias, tampones o una copa menstrual, junto con toallitas húmedas y ropa interior extra. Guarda este kit en tu mochila, casillero o bolso para estar siempre lista. Saber que tienes lo que necesitas te tranquiliza y te ayuda a concentrarte en disfrutar del día. Planificar las idas al baño también es una buena idea. Presta atención a las señales de tu cuerpo e intenta programar tus visitas al baño según sea necesario. Así, tendrás un momento para revisar y asegurarte de que todo esté bien.

Para controlar la menstruación con discreción, un poco de creatividad es fundamental. Elige productos para la menstruación que vengan en envases discretos. Así, podrás tomar lo que necesites sin llamar la atención. Considera usar ropa oscura o estampada, que puede ayudar a disimular posibles fugas. La comodidad también es importante. Elige ropa que te haga sentir bien y te permita moverte con libertad. Esto podría significar elegir leggings elásticos o un vestido fluido. Estas pequeñas decisiones pueden aumentar tu confianza y ayudarte a sentirte más cómoda.

La preparación y la planificación son tus mejores aliadas. Guarda provisiones de repuesto en varios lugares. Quizás puedas guardar algunas en tu casillero, mochila o incluso en casa de una amiga. De esta manera, estarás cubierta sin importar dónde estés. Usa la función de recordatorio de tu teléfono para que te avise que debes cambiar tus productos para la menstruación. Es fácil perder la noción del tiempo cuando estás ocupada, así que un pequeño empujoncito puede ser útil. Estas sencillas acciones solo toman minutos en configurarse, pero pueden evitarte situaciones estresantes más adelante.

No tengas miedo de pedir ayuda si la necesitas. Si te encuentras sin provisiones, contacta con una amiga o profesora. La mayoría de las personas entienden y están dispuestas a ayudar. La enfermera de tu escuela también puede ser un gran recurso. Si estás en un lugar público, como un centro comercial o un restaurante, recuerda que muchas mujeres han estado en tu lugar. Saben cómo es y suelen estar dispuestas a echar una mano o a darte una toallita si se la pides. Al principio puede resultar incómodo, pero recuerda: pedir ayuda demuestra fortaleza, no debilidad. Hay una especie de hermandad cuando se trata de la menstruación. Todas sabemos cómo es, y esa comprensión compartida nos reconforta.

7.2 CÓMO LIDIAR CON CICLOS IMPREDECIBLES: QUÉ HACER

A veces, tu ciclo menstrual puede parecer un juego de las escondidas. Un mes llega a tiempo y al siguiente no se encuentra. Y eso es perfectamente normal, especialmente durante la pubertad. Tu cuerpo aún está asimilando las cosas, y esto puede provocar ciclos irregulares. Las hormonas son como pequeños mensajeros en tu cuerpo. Le indican a tus ovarios cuándo liberar un óvulo y a tu útero cuándo prepararse para ello. Cuando estos niveles hormonales cambian, tu ciclo puede volverse impredecible. El estrés y los cambios en el estilo de vida también pueden alterarlo. Si estás preocupada por un examen importante o por estar pasando por cambios en casa, esto podría afectar tu período. Incluso cosas como viajar o una nueva rutina de ejercicios pueden tener un impacto. La vida puede ser impredecible, y a veces la menstruación también.

Para controlar mejor tu ciclo, llevar un registro puede ser muy útil. Existen muchas aplicaciones para el seguimiento del ciclo, como Clue o Flo. Te permiten registrar cuándo empieza y termina tu periodo e incluso registrar síntomas como cólicos o cambios de humor. Esta información te ayuda a detectar patrones a lo largo del tiempo. Quizás notes que tu periodo tiende a retrasarse después de una semana estresante. O te das cuenta de que siempre te sientes más cansada unos días antes de que empiece. Reconocer estos patrones, como sensibilidad en los senos, dolor de espalda, brotes de acné, etc., puede ayudarte a sentirte más en control. Es como tener un mapa que te guía por territorio desconocido. Además, cuando vayas al médico, tener esta información a mano puede facilitar la conversación sobre cualquier inquietud.

A pesar de tus mejores esfuerzos, a veces la menstruación te sorprende. Por eso, tener un kit de emergencia para la menstruación puede salvar el día. Lleva una pequeña bolsa con toallas sanitarias, tampones o una copa menstrual, toallitas húmedas y ropa interior de repuesto para estar siempre preparada, sin importar dónde estés. Así, si tu periodo empieza inesperadamente, tendrás todo lo necesario para afrontarlo. Saber que estás preparada puede reducir la ansiedad y ayudarte a sentirte más segura.

Llevar un diario de salud también puede ser una gran herramienta. Intenta anotar cualquier síntoma físico que notes, como cólicos o dolores de cabeza. También anota cualquier cambio emocional, como sentirte más sensible o irritable. Con el tiempo, podrías ver conexiones entre tus síntomas y tu ciclo. Quizás notes que ciertos alimentos empeoran los cólicos o que te sientes mejor al hacer ejercicio. Compartir este diario con un profesional de la salud puede brindarte información valiosa. Le ayuda a tener una visión más amplia y a ofrecerte consejos adaptados a tus necesidades. También es una forma de recordarte que estás en sintonía con tu cuerpo.

Estos ciclos impredecibles pueden ser un poco complicados, pero todo forma parte del proceso. Se trata de aprender a trabajar con tu cuerpo y comprender sus ritmos únicos. Con un poco de preparación y consciencia, puedes afrontar estos desafíos. Recuerda que estás creciendo y cambiando, y tu cuerpo también. Todo forma parte de convertirte en tu versión fantástica.

7.3 CUÁNDO BUSCAR AYUDA: COMPRENDER LAS PREOCUPACIONES MÉDICAS

La pubertad tiene sus altibajos, y a veces puedes sentir que tu cuerpo está dando una fiesta inesperada. Si bien la mayoría de los cambios son normales, algunas cosas pueden requerir un poco más de atención. Si alguna vez te sientes abrumada por cólicos que no paran o tu menstruación es tan intensa que cambias toallas sanitarias o tampones con más frecuencia de lo habitual, es hora de detenerte y pensar en buscar ayuda. Los cólicos intensos a veces pueden indicar que tu cuerpo necesita un poco más de cuidado. El sangrado abundante podría significar que es hora de hablar con alguien que sepa sobre estos temas. Los problemas de la piel, como el acné, que simplemente no desaparecen, también pueden ser frustrantes. Aunque es normal tener algunos granos, el acné persistente y doloroso podría requerir la consulta de un médico dermatólogo. Saber cuándo buscar ayuda forma parte del cuidado personal.

Ahora bien, ¿cómo saber cuándo es momento de llamar a un profesional? Si los síntomas persisten más de lo normal o empiezan a interferir con tu vida diaria, vale la pena consultar con un médico. Quizás esos dolores te impidan salir con tus amigos el fin de semana. O tal vez te duele tanto la piel que evitas ciertas actividades. Estas son señales de que la ayuda profesional podría marcar la diferencia. Recuerda, los médicos están para ayudarte, no para juzgarte. Lo han visto todo y están listos para brindarte el apoyo que necesitas. Piensa en ellos como compañeros de equipo en tu camino hacia sentirte lo mejor posible.

Cuando estés listo para hablar con un profesional de la salud, es útil estar preparado. Anota cualquier pregunta que tengas antes de la cita. Tal vez te preguntes si tus síntomas son normales o si existe algún tratamiento que pueda ayudarte. Anota estas preguntas para que no las olvides cuando estés cara a cara con el médico. Describe tus síntomas con claridad. En lugar de decir "No me siento bien", intenta ser específica. Menciona cuándo comenzaron los síntomas, con qué frecuencia ocurren y qué los mejora o empeora. Esto ayuda al médico a comprender por lo que estás pasando y cómo ayudarte de una mejor manera.

Hablar con un adulto de confianza sobre tu salud es un paso importante. Puede que al principio te sientas un poco incómoda, pero recuerda que se preocupan por ti y quieren ayudarte. Comparte tus inquietudes con uno de tus padres, tutor u otro adulto de confianza. Pueden ofrecerte consejos, ayudarte a decidir si es el momento de ver a un médico e incluso acompañarte a las citas. Tener a alguien presente puede hacer que la experiencia sea menos aterradora. Si no te sientes cómodo hablando de ciertos temas, puedes pedir hablar con una doctora o enfermera. Tu comodidad y seguridad son importantes, y los profesionales de la salud lo entienden. Es tu cuerpo y tienes derecho a sentirte segura y respetada.

Hablar abiertamente sobre tus preocupaciones de salud es parte del crecimiento. Se trata de aprender a escuchar a tu cuerpo y saber cuándo pedir ayuda. No estás sola en esto. Muchas chicas y mujeres han pasado por lo mismo que tú, y hay toda una comunidad lista para apoyarte. Está bien pedir ayuda y decir: "Oye, necesito ayuda". Eso no es señal de debilidad. Es señal de fortaleza y autoconciencia.

7.4 ABORDAR LOS PROBLEMAS DE IMAGEN CORPORAL: DESARROLLAR LA AUTOESTIMA

Crecer significa enfrentar todo tipo de cambios, y a veces parece que todos tienen una opinión sobre cómo deberías verte. Desde las portadas de revistas de moda hasta las interminables publicaciones en redes sociales, como mujeres, estamos bombardeadas con imágenes de lo que se considera bello. Recordarnos que fuimos creadas, maravillosamente y con un propósito, para ser tal como somos es fundamental. Es una verdadera batalla para la mujer con la autoestima y la inseguridad. Estas imágenes suelen mostrar cuerpos perfectos, piel de porcelana y un cabello espectacular. Es fácil compararse con estas fotos y preguntarse por qué no se ve igual a mí. Pero la cuestión es que esas imágenes no son reales. A menudo están editadas y manipuladas para que se vean de cierta manera, y no muestran la verdadera diversidad de la belleza. Además de los medios de comunicación, también existe la presión de los compañeros. Puede que sientas que necesitas encajar vistiéndote o luciendo de cierta manera. Pero cada persona es única, y eso es lo que te hace especial.

Construir una imagen corporal positiva comienza por cambiar cómo te ves a ti misma. Practicar afirmaciones positivas puede ayudar.

Párate frente al espejo y di algo amable sobre ti.

Concéntrate en tus cualidades internas. Tal vez seas una gran amiga, una artista talentosa o se te da muy bien hacer reír a la gente.

Recuerda estas fortalezas todos los días. Puede que al principio te parezca extraño, pero con el tiempo, estas palabras se convertirán en parte de cómo te ves a ti misma. Participar en actividades que destaquen tus fortalezas personales es otra forma de aumentar la autoestima. Si te gustan los deportes, únete a un equipo. ¿Te gusta escribir? Empieza un diario o un blog. Estas actividades te ayudan a concentrarte en lo que se te da bien, en lugar de en tu apariencia.

La pubertad trae consigo muchos cambios desconocidos y extraños. No te obsesiones con el día de hoy; eres una hermosa mariposa en su etapa inicial de transformación, que pronto se convertirá en una mujer espectacular y adulta.

El autocuidado también es crucial para desarrollar la autoestima. Los días de autocuidado son una forma maravillosa de nutrirte. Dedica un día a hacer cosas que te gusten, ya sea leer un libro, dar un paseo o ver tu película favorita. Estos momentos te recuerdan que debes ser amable contigo misma y apreciarte tal como eres. La autocompasión consiste en tratarte con la misma amabilidad y comprensión que le mostrarías a una amiga o amigo. Si alguno de ellos cometiera un error, no serías duro con él, así que no lo seas contigo misma.

Celebrar la diversidad de cuerpos también es importante. Acepta la diversidad de apariencias y habilidades. Busca modelos a seguir que reflejen una variedad de imágenes corporales. Tal vez sea un músico con un estilo único o un atleta que te inspire con su fuerza. Ver diversos modelos a seguir te recuerda que la belleza viene en todas las formas y tamaños. Es un poderoso recordatorio de que no estás solo en este viaje. Eres parte de una comunidad que te valora tal como eres. ¡Sé la mejor versión de ti! Recuerda, la autoestima no se trata de encajar en el molde de otra persona. Se trata de aceptar quién eres y celebrar tus cualidades únicas.

7.5 MANEJAR LA ABRUMACIÓN EMOCIONAL: HERRAMIENTAS PARA EL EQUILIBRIO

La pubertad puede sentirse como una montaña rusa sin frenos. En un momento, todo parece manejable; al siguiente, todo parece demasiado. Las emociones están a flor de piel y es normal sentirse abrumado. Las exigencias escolares son muy importantes. Las tareas se acumulan, y los profesores y padres esperan que te esfuerces al máximo. Se siente como si estuvieras haciendo malabarismos con un montón de cosas, intentando no dejar caer ninguna. Los cambios sociales añaden otra dimensión. Los amigos pueden cambiar, y las relaciones se transforman. Navegar por estas dinámicas puede parecer como resolver un rompecabezas complejo. Estás aprendiendo sobre ti misma, y eso es muy importante. Estos cambios pueden fácilmente llevarte a sentirte emocionalmente sobrecargada.

Encontrar maneras de gestionar estos sentimientos es importante. La meditación consciente es una gran herramienta. Ayuda a calmar la mente y te devuelve al presente.

Tómate unos minutos cada día para sentarte en silencio. Concéntrate en tu respiración. Deja que tus pensamientos vayan y vengan sin aferrarte a ellos. Esta práctica puede ayudarte a sentirte centrada y menos estresada. La oración también puede ofrecerte consuelo si la practicas. Te permite reflexionar y encontrar paz.

Establecer metas realistas es otra clave. Divide las tareas en pasos más pequeños. Esto las hace más manejables y menos intimidantes. Prioriza lo que debes hacer primero. Está bien centrarse en una sola cosa a la vez.

Hablar con alguien de confianza puede marcar una gran diferencia. Amigos y familiares están ahí para escucharte.

Compartir tus sentimientos puede aliviar la carga. Podrían ofrecerte consejos o simplemente apoyarte. A veces, el simple hecho de saber que a alguien le importas ayuda. Con frecuencia, decir en voz alta lo que te sucede en la vida te ayuda a verlo con más claridad, y puedes encontrar soluciones al compartirlo con otras personas de confianza. Si te resulta difícil afrontarlo, unirte a un grupo de apoyo o hablar con un terapeuta puede ser beneficioso. Estos espacios te ofrecen la oportunidad de conectar con otras personas que te comprenden. Descubrirás que no estás solo. Muchas personas sienten lo mismo. Pueden compartir consejos y experiencias que te ayuden a ver las cosas desde una nueva perspectiva.

Mantener el equilibrio en tu vida es crucial para la salud emocional. Participa en actividades que disfrutes. Los pasatiempos te brindan un respiro del estrés y te permiten expresarte. Ya sea pintar, bailar o tocar un instrumento, encuentra algo que te haga sentir alegría. La actividad física regular también ayuda. El ejercicio libera endorfinas, los estimulantes naturales del estado de ánimo del cuerpo. Incluso un paseo corto puede ayudarte a despejar la mente. No olvides la importancia del descanso. Dormir lo suficiente es esencial. Recarga tu cuerpo y mente, facilitando la gestión de los desafíos. Crea una rutina para la hora de dormir que te ayude a relajarte. Apaga las pantallas y relájate antes de dormir. Esto te ayudará a descansar lo suficiente.

Mantener el equilibrio no se trata solo de controlar el estrés. Se trata de cuidar tu bienestar. Cuando te sientes equilibrado, es más fácil afrontar los desafíos. Eres más resiliente y estás mejor preparada para afrontar cualquier situación. La vida tiene sus altibajos. No pasa nada. Se trata de encontrar lo que te funciona y usar esas herramientas para mantenerte estable. Estás creciendo y aprendiendo, y eso es algo de lo que debes estar orgullosa. Encontrar el equilibrio te ayuda a disfrutar del presente y a mirar hacia el futuro. Mientras continúas navegando por estos cambios, recuerda que no estás solo.

Tienes la fuerza y el apoyo para prosperar.

Al cerrar este capítulo, aférrate a la idea de que el equilibrio es clave. Las emociones son parte del flujo y reflujo de la vida, y estás aprendiendo a navegar por las olas. A continuación, exploraremos cómo abrazar nuevos comienzos con curiosidad y valentía.

8

EMPODERAMIENTO Y CRECIMIENTO

¿Alguna vez has visto a una mariposa salir de su capullo? Al principio, se resiste, con las alas arrugadas y húmedas. Pero a medida que se estira, esas alas se despliegan en una hermosa obra maestra, lista para alzar el vuelo. La pubertad puede sentirse un poco como esta transformación. Es una época en la que enfrentas muchos cambios, tanto internos como externos. Estos cambios pueden parecer abrumadores, pero son parte de tu crecimiento. Al igual que esa mariposa, te estás preparando para desplegar tus alas. Este capítulo trata sobre cómo aceptar estos cambios con confianza. Se trata de comprender que cada paso es una oportunidad para descubrir más sobre quién eres.

Durante la pubertad, tu cuerpo y tu mente están en constante cambio. Es como si estuvieras en un viaje para descubrir nuevas partes de ti. Estos cambios no son solo físicos. Involucran tus emociones, pensamientos y tu forma de ver el mundo. Ver estos cambios como oportunidades puede ayudarte a crecer de maneras que nunca imaginaste. Podrías descubrir que eres más sensible a los sentimientos de los demás o que tienes nuevos intereses. Estos cambios son señales de que te estás desarrollando de forma saludable. La pubertad es una época de superación personal y descubrimiento. Es una oportunidad para explorar quién eres y en quién quieres convertirte.

La adaptabilidad es una parte importante de este crecimiento. Mantenerte abierta a nuevas experiencias puede ayudarte a aprender más sobre ti de lo que piensas. Probar un nuevo pasatiempo o actividad puede ser una excelente manera de explorar tus intereses. Quizás siempre hayas querido probar la cerámica o unirte a un equipo de robótica. Ahora es el momento perfecto para intentarlo. Podrías descubrir talentos que no sabías que tenías. En el camino, te enfrentarás a desafíos y cometerás errores. Pero no pasa nada. Los errores son solo pasos en el camino del aprendizaje y el crecimiento. Te enseñan lecciones valiosas y te ayudan a fortalecerte. La autorreflexión es una herramienta poderosa para el crecimiento personal. Es como un espejo que te muestra dónde has estado y hacia dónde vas. Llevar un diario de crecimiento personal puede ayudarte a seguir tu progreso. Escribe sobre tus experiencias y lo que aprendes de ellas. Reserva un tiempo cada semana para reflexionar sobre tus pensamientos y sentimientos. Esta práctica puede ayudarte a comprenderte mejor y a comprender tus emociones. Es como tener una conversación contigo misma, donde puedes explorar tus sueños y metas. Con el tiempo, verás cuánto has crecido y cambiado.

A medida que creces, notarás que tu identidad evoluciona. Es parte natural de convertirte en quien estás destinada a ser. Acepta estos cambios y celebra tu singularidad. Explora nuevos intereses y pasiones. Quizás descubras un amor por la música o un don para la ciencia. Sea lo que sea, deja que forme parte de tu identidad en evolución. Celebra tus logros y progreso, por pequeños que parezcan. Cada paso adelante es una victoria. Recuerda, no eres la misma persona que eras ayer. Estás creciendo y cambiando constantemente, y eso es algo de lo que estar orgulloso.

La pubertad es una época de transformación, como el viaje de la mariposa. Acepta cada cambio y desafío con confianza, sabiendo que te están moldeando en la persona que estás destinada a ser.

8.1 ESTABLECER METAS: PLANIFICAR TU FUTURO

¿Alguna vez has pensado en lo que quieres lograr cuando seas mayor? Establecer metas es como crear un mapa para tu futuro. Te ayuda a encontrar el rumbo y te motiva a alcanzar tus sueños. Imagina que estás de viaje por carretera. Necesitas un destino y una ruta para llegar. Las metas son como las paradas que te guían. Te ayudan a mantenerte enfocada y a seguir adelante. Fijar metas también divide los grandes sueños en pequeñas partes alcanzables. Esto los hace más fáciles de manejar. Puedes ver tu progreso a medida que logras cada pequeña meta, lo que te mantiene motivada para continuar.

Existen diferentes tipos de metas que puedes establecer. Algunas son a corto plazo, como las semanales o mensuales. Son excelentes para mejorar habilidades o completar pequeños proyectos. Tal vez quieras leer un libro para fin de mes o aprender una nueva canción en el piano. Las metas a corto plazo te brindan logros rápidos y fortalecen tu confianza. Luego, las metas a largo plazo toman más tiempo, como los logros académicos o los sueños personales. Estos pueden incluir obtener buenas calificaciones o aprender un nuevo idioma. Las metas a largo plazo requieren paciencia y planificación, pero pueden ser muy gratificantes. Ambos tipos son importantes porque te ayudan a avanzar hacia lo que quieres en la vida.

Establecer metas realistas requiere práctica, pero vale la pena el esfuerzo. Un método útil es el conocido como SMART. Este viene de las siglas en inglés SMART (Specific, Measurable, Achievable, Relevant, and Time-bound) que en español significa Específico, Medible, Alcanzable, Relevante y Limitado en el Tiempo. Supongamos que quieres mejorar tus habilidades matemáticas. Una meta SMART sería: "Practicaré problemas de matemáticas durante 30 minutos, cinco días a la semana, durante el próximo mes para mejorar mis calificaciones en los exámenes". Esta meta es específica y medible, con un cronograma claro. También es alcanzable y relevante para tu crecimiento. Otra forma divertida de establecer metas es crear un tablero de visión o un diagrama de objetivos. Usa imágenes, palabras y dibujos para representar tus metas. Cuélgalo en un lugar visible todos los días. Te recordará lo que estás logrando y te mantendrá inspirada.

Objetivos SMART

S   Específico

¿Qué voy a hacer? ¿Por qué es importante para mí?

M   Medible

¿Cómo mediré mi éxito? ¿Cómo sabré cuándo haya alcanzado mi objetivo?

A   Alcanzable

¿Qué haré para lograr esta meta? ¿Cómo la lograré?

R   Relevante

¿Vale la pena esta meta? ¿En qué me ayudará lograrla? ¿Se ajusta a mis valores?

T   Limitado en el tiempo

¿Cuándo lograré mi meta? ¿Cuánto tiempo me daré para lograrla?

Es importante revisar tus metas regularmente. Así como no conducirías sin consultar el mapa, no deberías fijarte metas sin revisarlas. Tómate el tiempo para ver cómo te va.

S	Específico ¿Qué voy a hacer? ¿Por qué es importante para mí?
M	Medible ¿Cómo mediré mi éxito? ¿Cómo sabré cuándo haya alcanzado mi objetivo?
A	Alcanzable ¿Qué haré para lograr esta meta? ¿Cómo la lograré?
R	Relevante ¿Vale la pena esta meta? ¿En qué me ayudará lograrla? ¿Se ajusta a mis valores?
T	Limitado en el tiempo ¿Cuándo lograré mi meta? ¿Cuánto tiempo me daré para lograrla?

Celebra tus éxitos, por pequeños que sean. Si algo no funciona, ajusta tus metas.

Quizás descubras un nuevo interés o te des cuenta de que una meta necesita más tiempo. Está bien cambiar tus metas para que se ajusten a tus intereses y valores. Esta flexibilidad te ayuda a serte fiel. También te mantiene motivada y enfocada en lo que más te importa.

Fijar metas es una forma poderosa de planificar tu futuro. Te ayuda a tomar el control de tu vida y hacer realidad tus sueños. Con metas claras y un plan, puedes lograr cualquier cosa que te propongas.

8.2 MODELOS A SEGUIR: APRENDER DE LAS VIDAS DE OTROS

Piensa en alguien a quien admires. Quizás sea un profesor, un familiar o incluso un personaje de un libro. Los modelos a seguir juegan un papel importante en nuestra forma de ver el mundo y a nosotros mismos. Pueden inspirarte a probar cosas nuevas y mostrarte lo que es posible. A través de sus historias, aprendes a superar obstáculos y alcanzar el éxito. Los modelos a seguir te enseñan sobre la perseverancia. Te muestran que incluso los desafíos más difíciles se pueden afrontar con valentía. Cuando ves los logros de alguien, pueden encender una llama en tu interior. Te hacen creer que tú también puedes lograrlo. Ofrecen diferentes perspectivas, ayudándote a ver las cosas desde nuevos ángulos.

Los buenos modelos a seguir tienen ciertas cualidades que los distinguen. La integridad es una de ellas. Significa hacer lo correcto, incluso cuando nadie te ve. Se trata de ser honesto y fiel a ti misma. La autenticidad es otra. Ser genuino significa ser real, mostrar tu verdadero yo sin fingir. Los modelos a seguir apasionados por lo que hacen inspiran a otros. Demuestran dedicación a su oficio o causa, trabajando duro para marcar la diferencia. Estas cualidades los convierten en personas dignas de admiración. Puedes aprender mucho observando cómo gestionan los altibajos de la vida.

Es importante buscar modelos a seguir de diferentes orígenes. La diversidad enriquece tu comprensión del mundo. Explora a personas de diversas culturas e industrias. Podrías encontrar modelos a seguir en lugares inesperados. Pueden ser artistas, científicos, atletas o activistas. Cada uno aporta experiencias y perspectivas únicas. Leer biografías es una excelente manera de conocer sus vidas. Te permite vislumbrar sus luchas y triunfos. Los documentales también pueden ser inspiradores, mostrando historias reales, permitiéndote conectar con sus experiencias.

No olvides mirar también a tu entorno. Pregúntale a tu madre, hermana, tía o abuela sobre sus experiencias. Todas tienen historias que contar, especialmente sobre sus propias experiencias con la pubertad y la menstruación. Escucha cómo afrontaron los desafíos. Te sorprenderá lo que aprendas. Sus historias podrían mostrarte cómo las cosas han cambiado con el tiempo. O quizás cómo algunas siguen igual. Estas conexiones personales son valiosas. Te brindan sabiduría y comprensión, ayudándote a recorrer tu propio camino.

Estos momentos te permiten escuchar directamente de las personas que admiras. Puedes hacer preguntas y obtener perspectivas que no se encuentran en los libros. Reflexiona sobre las lecciones que comparten y piensa en cómo sus historias se relacionan con tus experiencias. ¿Qué puedes aprender de sus éxitos y fracasos? ¿Cómo puedes aplicar su sabiduría a tus propios desafíos? Esta reflexión te ayuda a crecer. Convierte la inspiración en acción, guiándote a medida que avanzas.

Los modelos a seguir tienen el poder de moldear quién eres. Influyen en tus sueños y aspiraciones. Al aprender de sus historias, adquieres coraje y confianza para perseguir tus propias metas. Descubres que puedes superar obstáculos, como ellos lo hicieron. Encuentras la fuerza para seguir adelante, incluso cuando las cosas se ponen difíciles. Los modelos a seguir te recuerdan que eres capaz de alcanzar la grandeza, sin importar lo que enfrentes.

8.3 TU RED DE APOYO: CONSTRUYENDO UN CÍRCULO DE CONFIANZA

Imagínate esto: estás teniendo un día difícil. Quizás la escuela fue difícil o simplemente te sientes algo deprimida. En momentos como estos, tener un círculo de personas que te apoyan puede ser un salvavidas. Estas personas son tu red de apoyo. Te ofrecen apoyo emocional y ánimo. Te escuchan cuando necesitas hablar y te dan consejos cuando tienes dudas. Rodearte de personas que te animan puede marcar la diferencia. Te ayudan a sentirte comprendido y menos solo, especialmente en momentos difíciles. Piensa en ellos como tus animadores personales, siempre listos para ayudarte a encontrar tu camino.

Entonces, ¿quiénes conforman esta importante red? Empieza con tus familiares y amigos cercanos. Estas son personas que te conocen bien y se preocupan por tu bienestar. Son a quienes puedes llamar cuando necesitas apoyo. Los mentores, maestros o entrenadores también pueden desempeñar un papel clave. Ofrecen orientación y sabiduría a partir de sus propias experiencias. Quizás haya un profesor que siempre tenga una palabra de aliento o un coach que crea en tu potencial. Todas estas personas contribuyen a un sólido sistema de apoyo. Cada una aporta algo único que te ayuda a sentirte segura y apoyada, como Jazzmon con su abuela Ruby.

Jazzmon estaba sentada con las piernas cruzadas en la cama, con el teléfono en el regazo. Miraba la pantalla, mordiéndose el labio. Tenía muchísimas preguntas dándole vueltas en la cabeza, pero no sabía por dónde empezar. Su madre trabajaba hasta tarde y su mejor amiga, Lila, aún no tenía la menstruación. Había una persona en la que Jazzmon confiaba para que le dijera la verdad sin hacerla sentir ridícula— la abuela Ruby.

Jazzmon respiró y marcó el número de su abuela. Solo sonó dos veces antes de que respondiera la voz cálida y familiar.

"¡Hola, cariño! ¿Qué pasa?", preguntó la abuela Ruby.

"Hola, abuela", dijo Jazzmon con la voz ligeramente temblorosa. "Necesito hablar contigo de algo personal".

"Claro, cariño. Puedes contarme lo que quieras".

Jazzmon dudó un momento antes de soltarlo. "Creo que me va a venir la menstruación, pero no sé qué hacer. Mi cuerpo está cambiando y es... raro".

"Ay, mi niña", dijo la abuela Ruby con dulzura, "recuerdo sentirme igual a tu edad. No estás sola, y no hay nada que temer. Tu cuerpo está creciendo, y eso es algo hermoso".

Jazzmon exhaló, relajando un poco los hombros. "¿Pero y si pasa en la escuela? ¿Y si me mancho los pantalones? ¡Todos se reirán de mí!"

La abuela Ruby rió entre dientes. "Déjame contarte un pequeño truco: simplemente ponte una chaqueta alrededor de la cintura y mantén la frente en alto. La mayoría de la gente está demasiado ocupada preocupándose por sus cosas como para darse cuenta. Recuerda que debes tener tu kit para la menstruación listo en la mochila".

Jazzmon sonrió, sintiendo un destello de confianza. —"Eso sí que es muy inteligente, abuela. Gracias".

"Cuando quieras, cariño. Y recuerda, siempre estoy aquí si tienes más preguntas. Esto es solo el comienzo de una gran y hermosa aventura: convertirte en una mujer joven".

Jazzmon sintió una calidez que le invadió el pecho. "Te quiero, abuela".

"Yo también te quiero, Jazzmon. ¡Ahora ve por un chocolate! ¡Es la mejor medicina para casi todo!".

Jazzmon rió, sintiendo cómo se le iban los nervios. Aún no tenía todas las respuestas, pero con la abuela Ruby a su lado, sabía que estaría bien.

Mantener estas relaciones fuertes requiere esfuerzo. La comunicación abierta y honesta es clave. Comparte tus pensamientos y sentimientos con tus seres queridos. Cuéntales lo que está pasando en tu vida. Esta franqueza genera confianza y profundiza tus conexiones. Es importante mostrar aprecio y gratitud con regularidad. Un simple agradecimiento o un gesto amable puede significar mucho. Demuestra que valoras la relación y te preocupas por esa persona. Estos pequeños gestos mantienen sus vínculos sanos y fuertes. Les recuerdan que te importan. A veces, necesitas ampliar tu red de apoyo. Conocer gente nueva puede brindarte nuevas perspectivas y nuevas amistades. Unirse a clubes o grupos juveniles es una excelente manera de hacerlo. Encuentra un club en la escuela que coincida con tus intereses o un grupo juvenil religioso que se alinee con tus pasiones. Las oportunidades de voluntariado y el servicio a los demás son otra excelente manera de conocer personas con ideas afines. Ayudar a los demás no solo te hace sentir bien, sino que también te conecta con personas que comparten tus valores. Estas nuevas conexiones pueden convertirse en una parte valiosa de tu red de apoyo.

Tu red de apoyo es como un jardín. Necesita cuidado y atención para crecer. Con las personas adecuadas a tu alrededor, te resultará más fácil afrontar los desafíos y celebrar los éxitos. Estarán ahí para animarte y ofrecerte ayuda cuando la necesites. Así que, tómate el tiempo para cultivar estas relaciones y busca otras nuevas. Son una parte importante de tu vida, ofreciéndote amor, apoyo, ánimo y guía en cada paso del camino.

8.4 AUTODESCUBRIMIENTO: ABRAZANDO TU CAMINO ÚNICO

¿Alguna vez has pensado en qué te hace ser tú? La pubertad es una época en la que empiezas a mirar hacia dentro. Empiezas a explorar quién eres y qué te importa. Es como abrir un libro donde cada página revela algo nuevo sobre ti. Durante esta etapa, notarás tus fortalezas y debilidades con mayor claridad. Quizás descubras que eres una gran oyente o que te encanta armar rompecabezas. Comprender estos aspectos te ayuda a identificar tus pasiones. ¿Te atrae la música, el arte o la ciencia? Descubrir lo que te apasiona te da pistas sobre tu identidad. Estos intereses son parte de lo que te hace único.

Explorar es clave durante esta fase. Probar cosas nuevas te ayuda a aprender más sobre ti mismo. Podrías empezar un nuevo pasatiempo o unirte a una actividad extracurricular. Quizás siempre te haya interesado la pintura o la programación. Ahora es el momento perfecto para intentarlo. Nunca sabrás de lo que eres capaz hasta que explores. No tengas miedo de salir de tu zona de confort. Explorar diferentes trayectorias profesionales o materias académicas también puede ser revelador. Asiste a una reunión de club o a una clase de cocina. Podrías descubrir un nuevo interés que te lleve por un camino emocionante. Esta experimentación se trata de encontrar lo que mejor se adapta a ti.

A veces, es difícil saber por dónde empezar. Ahí es donde entran en juego las herramientas de autodescubrimiento. Las evaluaciones de personalidad pueden ayudarte a conocer mejor tus rasgos. Podrían mostrarte si eres creativo o analítico. Los inventarios de intereses pueden guiarte hacia actividades que podrías disfrutar.

Un diario reflexivo es otra gran herramienta. Escribir sobre tu día y lo que disfrutaste te ayuda a descubrir patrones en lo que te gusta y lo que no. Es como tener una conversación contigo mismo.

Estos ejercicios te brindan información que puede guiar tus decisiones y ayudarte a comprenderte mejor.

Ser fiel a ti mismo es crucial. Acepta tu verdadero yo sin preocuparte por lo que piensen los demás. Practicar la autoaceptación y el amor propio son pasos importantes. Se trata de estar bien con quién eres, incluso si eres diferente a los demás. Cada persona es única, y eso es algo que celebrar. Tu individualidad es tu fortaleza. No tengas miedo de destacar. Celebra tus peculiaridades y lo que te hace especial. Esta autenticidad es tu superpoder. Te ayuda a conectar con quienes te aprecian por quién eres. Cuando te aceptas, abres la puerta a un mundo donde puedes ser tu mejor versión.

Es fácil dejarse llevar por lo que los demás esperan de ti. Pero recuerda, este es tu camino. Nadie más puede recorrerlo por ti. Confía en tus instintos y sigue lo que te haga sentir bien. Rodéate de personas que apoyen tu viaje de autodescubrimiento. Pueden ofrecerte ánimo y recordarte tu valor. A medida que exploras tu identidad, descubrirás nuevas facetas de la persona en la que te estás convirtiendo, convirtiéndote en una joven increíble. Cada descubrimiento es un paso hacia la persona que quieres ser. Aprovecha este tiempo de exploración y crecimiento. Es una oportunidad para aprender, cambiar y celebrar la mujer increíble en la que te estás convirtiendo.

8.5 CELEBRÁNDOTE: RECONOCIENDO TUS LOGROS

Piensa en algún momento en el que hayas logrado algo ya sea grande o pequeño. Tal vez fue sacar la mejor nota en un examen para el que estudiaste mucho, o tal vez aprender una nueva habilidad, como andar en bicicleta sin rueditas. ¿Cómo te sentiste? Celebrar tus logros, sin importar su magnitud, es fundamental. Es como chocar los cinco y decir: "¡Lo logré!". Reconocer tus éxitos aumenta tu autoestima y te impulsa a aspirar aún más la próxima vez. Te recuerda tu capacidad para superar desafíos y crecer. Reflexionar sobre estos momentos te ayuda a ver lo lejos que has llegado. Es una forma de mirar atrás y decir: "¡Guau, realmente lo logré!".

Compartir tus logros con quienes te apoyan puede hacer que la celebración sea aún más dulce. Cuéntales a tus familiares o amigos sobre tus éxitos. Están ahí para animarte. Su entusiasmo y orgullo aumentan tu propia alegría. Es como si todos estuvieran celebrando juntos, y eso hace que el momento sea aún más especial. Cuando compartes tus triunfos, también inspiras a los demás. Ven lo que has logrado y piensan: "Si ellos pueden hacerlo, quizás yo también". Tu éxito se convierte en una luz que guía a los demás, mostrándoles lo que es posible cuando te lo propones.

Llevar un registro de tus logros es una excelente manera de mantenerte motivado. Intenta llevar un diario de logros. Anota tus éxitos, grandes y pequeños. Incluye cómo te sentiste y lo que te costó alcanzarlos. Con el tiempo, crearás una colección de recompensas, medallas, trofeos y cintas que destaquen tu crecimiento. También puedes crear un tablero visual de logros. Llénalo con imágenes, dibujos o trabajos calificados que representen tus logros. Cuélgalo donde puedas verlo todos los días. Este recordatorio visual te mantiene enfocado en tus metas y te anima a seguir adelante. Es como tener un animador personal que te recuerda tus victorias y tu potencial.

Celebrar tus logros no tiene por qué ser elaborado. A veces, una pequeña celebración es la más significativa. Planea un pequeño premio, como un postre especial o una salida divertida. Comparte tu éxito con un mentor o un modelo a seguir. Sus comentarios y apoyo pueden aumentar tu confianza y darte ese impulso extra para seguir persiguiendo tus sueños. Las celebraciones se tratan de reconocer tu esfuerzo y dedicación. Son una forma de decir: "Merezco este momento".

La gratitud juega un papel importante al celebrar tus logros. Es importante agradecer a quienes te apoyaron en el camino. Quizás fue un amigo que te ayudó a estudiar o un profesor que te orientó. Expresar gratitud fortalece tus relaciones y demuestra que aprecias su ayuda. Reflexiona sobre el camino que te llevó al éxito. Piensa en las lecciones que aprendiste y los obstáculos que superaste. Estas reflexiones te ayudan a crecer y a prepararte para los desafíos que vendrán en el futuro. Te recuerdan que cada paso, incluso los más difíciles, valieron la pena.

A medida que avanzas, recuerda celebrar cada logro. Ya sea una pequeña victoria o un logro importante, tómate el tiempo para reconocer tu esfuerzo. Estos momentos de celebración alimentan tu pasión y te motivan a seguir alcanzando nuevas metas. Te recuerdan tu fuerza y resiliencia. Así que, deja que cada éxito sea un paso hacia el siguiente, guiándote en tu camino hacia la grandeza.

CONCLUSIÓN

Al llegar al final de este libro, espero que te sientas más preparada para afrontar los cambios que trae la pubertad. Hemos recorrido juntos muchos temas. Hemos hablado sobre cómo cambia tu cuerpo. Hemos aprendido sobre los estirones, la menstruación y las diferentes maneras en que tu cuerpo puede sorprenderte. Comprender estos cambios es importante. Te ayuda a sentirte menos sola y más preparada.

También exploramos los cambios emocionales que ocurren durante esta etapa. La pubertad puede sentirse como una montaña rusa emocional. Pero recuerda, estos sentimientos son normales. Desarrollar resiliencia emocional es clave. Te ayuda a manejar esos altibajos con confianza. El autocuidado es otra parte importante del crecimiento. Cuidar tu cuerpo y mente debe ser una prioridad. Desde la higiene hasta la nutrición, cada pequeño hábito contribuye a tu bienestar general.

Gestionar las interacciones sociales puede ser complicado. Las amistades pueden cambiar y la presión social podría intentar llevarte por caminos diferentes. Pero con las herramientas adecuadas, puedes afrontar estas experiencias. Acepta tu individualidad. Celebra la belleza de quién te estás convirtiendo: una mujer, posiblemente una esposa algún día e incluso una madre. Eres una persona única, especial, singular, creada con gran admiración y de forma maravillosa. Son estas diferencias las que nos hacen especiales.

A lo largo de estos capítulos, hemos abordado el empoderamiento y el crecimiento. Aceptar tu cuerpo y tus emociones. Cómo construir relaciones sólidas y valorar tu individualidad. Estas son las lecciones que espero que lleves contigo. Tienes la fuerza interior para afrontar cualquier reto.

Recuerda, la pubertad es solo una parte del camino que te espera en la vida. Es una época de descubrimiento. Pero no termina aquí. Sigue explorando tus intereses. Encuentra lo que te hace feliz y te llena de alegría. Fíjate metas y trabaja para alcanzarlas. El mundo está lleno de enormes posibilidades esperándote.

Quiero animarte a aplicar lo que has aprendido en esta guía esencial para chicas: crecer con fuerza y convertirte en una mujer plena y capaz. Practica las rutinas de autocuidado que comentamos. Usa las estrategias de comunicación para expresarte con claridad. Prueba los ejercicios para desarrollar la confianza. Comparte tus historias con amigas. Apóyense mutuamente. No están solas. Juntas, pueden crear una comunidad de apoyo.

Como tú guía, estoy muy agradecida de que hayas elegido este libro. Gracias por dejarme formar parte de tu camino de crecimiento. Estoy aquí para recordarte que puedes lograrlo. Eres fuerte. Eres capaz. Y nunca estás sola.

A medida que avanzas, recuerda que eres increíble tal como eres. Abraza tu camino único con orgullo. Tienes el poder de forjar tu futuro. Confía en ti misma. Eres resiliente. Y las posibilidades que tienes por delante son infinitas.

Sigue brillando y nunca dejes de creer en ti misma. Tu camino apenas comienza y estoy deseando ver todas las cosas increíbles que lograrás.

¡Tú puedes!

¡GRACIAS POR LEER!

AHORA, JUNTAS AYUDEMOS A OTRAS

Has completado la *Guía Esencial para Chicas sobre la Pubertad y la Menstruación* — ¡Felicidades! Con el conocimiento y la confianza que te brinda esta guía, estás lista para vivir la pubertad como toda una profesional.

Ahora tienes la oportunidad de compartir tu experiencia.

Al dejar una honesta **reseña en Amazon**, no solo compartes tus pensamientos—sino que ayudas a otras chicas, padres, maestros e incluso abuelos a descubrir esta guía. Tus comentarios podrían ser la razón por la que alguien más adquiera las herramientas para afrontar su camino hacia la pubertad con confianza y valentía.

TU OPINIÓN IMPORTA

Al compartir tu experiencia, marcas una gran diferencia. Tus perspectivas podrían ayudar a otra joven a superar sus miedos, aceptar los cambios y sentirse más preparada para esta importante etapa de la vida.

SOLO TE TOMA UN MOMENTO

Escanea el código QR para dejar tu reseña y compartir cómo este libro marcó la diferencia para ti o tu familia:

GRACIAS POR SER PARTE DE ESTE VIAJE

Tu apoyo ayuda a mantener esta guía esencial vigente y disponible para quienes más la necesitan. Te agradezco enormemente tu amabilidad y generosidad al compartir tus ideas.

Juntas, estamos haciendo que la pubertad sea un poco menos aterradora y mucho más llevadera—para ti y para todos.

Con sincera gratitud,

DebbieAnn

REFERENCIAS

¿Qué es un estirón en la pubertad? https://www.hopkinsmedicine.org/health/wellness-and-prevention/what-is-a-growth-spurt-during-puberty

Estadificación de Tanner https://www.mtnstopshiv.org/sites/default/files/attachments/TannerStaging2.pdf

¿Qué puedo hacer con el acné? (para adolescentes) https://kidshealth.org/en/teens/prevent-acne.html

Pubertad - Cambios hormonales - Cambios físicos https://teachmephysiology.com/reproductive-system/development-maturation/puberty/

Entendiendo las cuatro fases del ciclo menstrual https://www.morelandobgyn.com/blog/4-phases-of-the-menstrual-cycle

Mejores apps para controlar el ciclo menstrual: Controla el ciclo de tu adolescente https://www.knixteen.com/blogs/the-rag/the-best-teen-and-tween-period-apps

Opciones ecológicas para productos menstruales https://www.webmd.com/women/features/eco-friendly-options-for-menstrual-products

8 mitos sobre la menstruación que debemos aclarar https://www.healthline.com/health/womens-health/period-myths

Efectos de las hormonas adolescentes en las emociones https://www.newportacademy.com/resources/empowering-teens/teenage-hormones-and-sexuality/

Manejo del estrés en adolescentes https://www.aacap.org/AACAP/Families_and_Youth/Facts_for_Families/FFF-Guide/Helping-Teenagers-With-Stress-066.aspx

Enseñando positividad corporal a niñas - CeCe Olisa https://ceceolisa.com/teaching-body-positivity-to-young-girls/

24 actividades de diálogo interno positivo para niños y adolescentes https://veryspecialtales.com/positive-self-talk-kids/

Conceptos básicos de higiene (para adolescentes) | Nemours KidsHealth https://kidshealth.org/en/teens/hygiene-basics.html

Nutrición en la adolescencia - PubMed https://pubmed.ncbi.nlm.nih.gov/10036686/

Importancia del sueño para los adolescentes https://qatar-weill.cornell.edu/institute-for-population-health/community/stay-safe-stay-healthy/issue/importance-of-sleep-for-teenagers

75 actividades de mindfulness para adolescentes, hojas de trabajo y preguntas https://www.carepa tron.com/guides/mindfulness-activities-for-teensttps://www.hopkinsmedicine.org/health/wellness-and-prevention/what-is-a-growth-spurt-during-puberty

Amistad: La verdad
https://www.healthforteens.co.uk/relationships/friendships/friendship-just-the-facts/

Capítulo 4: Redes sociales y relaciones románticas
https://www.pewresearch.org/internet/2015/10/01/social-media-and-romantic-relationships/

Ayudando a los niños a lidiar con el acoso (para padres)
https://kidshealth.org/en/parents/bullies.html

Asertividad   (para   adolescentes) | Nemours   KidsHealth
https://kidshealth.org/en/teens/sertive.html

13 increíbles tradiciones de la adolescencia de todo el mundo https://www.globalciti
zen.org/en/content/13-amazing-coming-of-age-traditions-from-around-th/

Menstruación y prácticas culturales: Diversas tradiciones https://www.pinkishe
org/blog-post/menstruation-and-cultural-practices-diverse-traditions-around-the-world

El efecto de las redes sociales en la autoestima: ¿Cómo afecta...?
https://socialmediavic tims.org/mental-health/self-esteem/

20 actividades y hojas de trabajo para una imagen corporal positiva para
adolescentes... https://veryspecialtales.com/positive-body-image-activities-and-worksheets-teens/

Cómo ayudar a los niños a lidiar con la vergüenza https://childmind.org/article/help-kids-deal-embarrassment/

La menstruación en la escuela: 5 consejos para una menstruación sin estrés
https://helloclue.com/articles/cycle-a-z/getting-your-period-at-school-5-tips-for-stress-free-periods

Menstruación irregular (para adolescentes) | Nemours KidsHealth
https://kidshealth.org/en/teens/ irregular-periods.html

Imagen corporal y autoestima (para adolescentes) | Nemours KidsHealth
https://kidshealth.org/en/teens/body-image.html

El desarrollo del yo y la identidad en la adolescencia
https://pmc.ncbi.nlm.nih.gov/articles/PMC6667174/

Cómo ayudar a los adolescentes a establecer metas efectivas (Consejos y plantillas)
https://biglifejournal. com/blogs/blog/guide-effective-goal-setting-teens-template-worksheet?srsltid=AfmBOoo68eT_IVq9taB8eg_1i4gCkxwUiZ-7HJeEJNl2KsJ9PbwsrTrb

10 Mujeres Modelo a Seguir + Ideas para Despertar la Pasión en los Niños
https://lingokids.com/blog/posts/10-inspiring-female-role-models-for-children

Construyendo Redes de Apoyo para la Salud Mental Adolescente
https://hopenationcounseling.com/resources/support-networks-for-teen#

GLOSARIO DE TÉRMINOS

La pubertad puede sentirse abrumadora con tantas cosas nuevas que aprender, pero no te preocupes—¡no estás sola! Este glosario explica las palabras importantes que verás en el libro. Si no está segura de un término, regresa a esta página en cualquier momento para encontrar su significado.

A

Acné: pequeñas protuberancias o espinillas que pueden aparecer en tu piel, especialmente en tu cara, durante la pubertad debido a los cambios hormonales.

Adolescencia: la etapa entre ser un niño y un adulto cuando tu cuerpo y mente están creciendo y cambiando.

Afeitarse: Depilarse las piernas, axilas u otras zonas con afeitadora o rastrillo, es algo que algunas personas eligen hacer por razones personales o culturales.

Autocuidado: Cuidar tu cuerpo, mente y emociones, especialmente durante cambios importantes como la pubertad y la menstruación.

B

Balance: aprender a administrar la escuela, las amistades, la familia y el autocuidado de manera saludable.

Bienestar: Sentirse sano y equilibrado física y mentalmente.

C

Cambios de humor: Cambios repentinos en cómo te sientes, como pasar de la alegría a la tristeza, causados por las hormonas.

Ciclo: El proceso de la menstruación que se repite cada mes y suele durar unos 28 días.

Clítoris: Una parte pequeña y sensible de la vulva que desempeña un papel importante en las sensaciones corporales. Se encuentra cerca de la parte superior de la vulva.

Cólicos: Una sensación de opresión en la parte baja del vientre durante la menstruación, causada por el desprendimiento del revestimiento uterino.

Confianza: Creer en ti misma y en tus capacidades, incluso al enfrentar desafíos o cambios.

Copa Menstrual: Una pequeña copa reutilizable de silicona o goma que se inserta en la vagina para recolectar la sangre menstrual.

Crecimiento: Proceso de maduración física, emocional y mental durante la transición de la infancia a la adultez joven.

Crush: También conocida como enamoramiento, es un fuerte sentimiento de admiración o afecto, a menudo hacia alguien que te resulta interesante, atractivo o divertido. Para las estudiantes de secundaria, un crush o enamoramiento suele ser una sensación inocente y emocionante que puede hacer que quieras pasar más tiempo con esa persona o pensar mucho en ella.

Cultural: Costumbres, tradiciones y prácticas que varían según la región, la familia o el grupo, incluyendo las relacionadas con la pubertad y la menstruación.

D

Depilación con cera: Un método de depilación en el que se aplica cera tibia y luego se retira, eliminando el vello de raíz.

Desequilibrio: Cuando tus hormonas o emociones se sienten "mal", lo cual es normal durante la pubertad.

Dieta: Los alimentos que consumes a diario, que pueden afectar cómo te sientes durante la pubertad y la menstruación. Comer de forma equilibrada ayuda a tu cuerpo a mantenerse sano.

E

Embarazo: El período en el que un óvulo fecundado crece y se desarrolla hasta convertirse en un bebé dentro del útero. Suele durar unos nueve meses.

Emociones: Sentimientos como la felicidad, la tristeza, la ira o la excitación, que pueden ser más intensos durante la pubertad debido a los cambios hormonales.

Engrosamiento uterino: La capa de tejido dentro del útero que se engrosa cada mes en preparación para un posible embarazo. Si no se produce el embarazo, el engrosamiento se desprende durante la menstruación.

Espermatozoides: Células reproductoras masculinas esenciales para la fecundación. Se producen en los testículos y pueden unirse al óvulo femenino para generar un embarazo.

Estrógeno: Una hormona del cuerpo que contribuye al crecimiento, la menstruación y otros cambios durante la pubertad.

F

Fatiga: Sensación de mucho cansancio, que puede ocurrir antes o durante la menstruación.

Flujo Menstrual: La mezcla de sangre y tejido que sale del cuerpo durante la menstruación.

G

Glándulas: Pequeñas partes del cuerpo que liberan hormonas para contribuir al crecimiento y otros cambios.

Granos: Otro nombre para los granos o espinillas que pueden aparecer durante la pubertad.

H

Higiene: Mantenerse limpia y sana, especialmente durante la menstruación.

Hormonas: Sustancias químicas del cuerpo que actúan como mensajeras, ayudando al cuerpo a crecer y cambiar durante la pubertad.

I

Imperfecciones: pequeñas marcas, manchas o imperfecciones en la piel, a menudo causadas por poros obstruidos, exceso de sebo o bacterias. Son comunes durante la pubertad debido a los cambios hormonales.

L

Labios: Pliegues suaves de piel alrededor de la abertura de la vagina.

M

Menarquia: La primera menstruación en una mujer, que marca el inicio de la pubertad y el comienzo de la capacidad reproductiva. Este hito biológico natural suele ocurrir entre los 9 y los 16 años y está influenciado por factores como la genética, la salud y el entorno.

Menstruación (Periodo): Cuando el cuerpo libera sangre y tejido del útero como parte del ciclo menstrual.

N

Natural: Abordar la pubertad y el autocuidado de una manera que te haga sentir cómoda y auténtica.

O

Ovarios: Dos pequeños órganos del cuerpo que liberan óvulos y hormonas como el estrógeno y la progesterona.

Ovulación: Cuando el ovario libera un óvulo durante el ciclo menstrual.

Óvulo: Es la célula reproductora femenina almacenada en los ovarios. Cada mes, durante la ovulación, un óvulo se libera de un ovario y viaja a través de la trompa de Falopio. Si el óvulo no es fecundado por un espermatozoide, se descompone y se desprende junto con el revestimiento uterino durante la menstruación. Las niñas nacen con todos los óvulos que tendrán, y la cantidad disminuye con el tiempo.

P

Pechos: La parte del cuerpo de una niña que se desarrolla durante la pubertad y que desempeña un papel importante en la lactancia materna en etapas posteriores de la vida.

Productos sanitarios: Artículos como toallas sanitarias, tampones, copas menstruales o ropa interior menstrual que se usan durante la menstruación.

Pubertad: El momento en el que tu cuerpo comienza a transformarse de niña a adulta.

R

Revestimiento (Engrosamiento Menstrual): Tejido dentro del útero que se engrosa cada mes y se desprende durante la menstruación en forma de flujo menstrual.

Romance: Una conexión emocional especial o un sentimiento de afecto entre dos personas, que a menudo implica admiración, amabilidad y el deseo de pasar tiempo juntas. Para las estudiantes de secundaria, puede significar estar enamorada de alguien o disfrutar de la compañía de alguien que te hace sentir feliz y valorada.

Ropa interior menstrual: Ropa interior especial diseñada para absorber la sangre menstrual y mantenerte seca y cómoda, que proporciona protección integrada contra las fugas menstruales. La ropa interior menstrual está hecha con capas absorbentes y a prueba de fugas para recoger la sangre menstrual. Pueden usarse solas o como complemento a otros productos menstruales como toallas sanitarias, tampones o copas menstruales. Vienen en varios estilos y niveles de absorción, ofreciendo una opción cómoda, reutilizable y ecológica para el manejo de la menstruación. Se pueden lavar a mano o en lavadora.

S

Sangre: el líquido rojo que transporta oxígeno y nutrientes en su cuerpo. Durante tu .

período, la sangre se libera del útero como parte de la menstruación.

Secreción: Un líquido transparente o blanco que sale de la vagina como parte del proceso que tu cuerpo utiliza para mantenerse limpio y sano.

SPM (Síndrome Premenstrual): Los síntomas físicos y emocionales que puedes sentir antes de la menstruación, como cólicos, cansancio o cambios de humor.

T

Tampones: Pequeños tubos blandos que puedes usar durante la menstruación para absorber la sangre del interior de tu cuerpo.

Testosterona: Una hormona que todos tenemos, pero los varones suelen tener más.

Toallas sanitarias: Un producto suave y absorbente que se usa dentro de la ropa interior para absorber la sangre menstrual durante la menstruación. Las toallas sanitarias vienen en varios tamaños y grosores para adaptarse a diferentes niveles de flujo y preferencias personales. Suelen tener una tira adhesiva en la parte inferior para mantenerlas firmemente en su lugar y pueden incluir alas que se pliegan sobre los lados de la ropa interior para mayor protección contra fugas. Las toallas sanitarias son desechables y deben cambiarse regularmente para mantener la higiene y prevenir malos olores.

Trompas de Falopio: Conductos que conectan los ovarios con el útero.

U

Útero: La parte del cuerpo donde un bebé puede crecer algún día. Durante la menstruación, el útero desprende su engrosamiento.

V

Vagina: La parte del cuerpo que conecta el exterior con el útero.

Vulva: La parte exterior de la zona íntima, incluyendo los labios y el clítoris.

www.ingramcontent.com/pod-product-compliance
Lightning Source LLC
Chambersburg PA
CBHW071153120626
46546CB00006B/2248